이영철 지음

프롤로그

> 남미 한 달 여행 함께할 지구인 남성 약간 명을 모집합니다.
>
> - 동선 : 브라질 – 아르헨티나 – 칠레 – 볼리비아 – 페루
> - 일정 : 첨부한 계획대로지만 일부 협의 조정 가능
> - 예산 : 여행사 패키지 비용의 절반 수준 예상됨

해외 여러 지역 먼 길들을 혼자 많이 걸어봤지만 남미는 아무래도 겁이 좀 났다. 여행자들 사건 사고가 많다고 주변의 우려와 만류도 심했다. 나름대로 심혈 기울여 짠 "남미 한 달 여행 계획"을 위와 같은 요지로 블로그에 올려 동반자를 공개 모집해 보았다. 음악 동호인들을 모아 오프라인 모임을 하고 싶을 때 내가 자주 써봤던 방식이다.

예상보다 반응이 뜨거웠다. 일주일 동안 서른여섯 분의 문의 또는 신청을 받아 On-Off 미팅을 가졌다. 그분들 중 내 취향과 스타일에 잘 맞을 듯한 4인을 최종적으로 확정했다. 그리곤 출발 전까지 5개월 동안 여섯 번의 만남을 통해 팀워크를 다졌다. 물론 전략회의를

빙자한 저녁 모임 술자리들이었다.

  '사이좋게 산티아고로 떠난 부부가 한 달간의 순례여행을 마치고 돌아올 때는 각자 다른 비행기를 타고 온다'는 우스갯말이 있다. 서로 잘 아는 부부 사이도 그럴진대 하물며 공개 모집으로 만난 중년 아재 다섯이라면 어떨까? 출발 후 얼마 없으면 각자의 이기利己를 숨길 수도 없고, 본성이나 본색도 바닥을 드러낼 수밖에 없을 것이다. 서로 간 갈등은 불 보듯 뻔하다. 그러나 인간사 피할 수 없는 이런 과정을 그럭저럭 무난하게 넘길 수 있다면 그 또한 각자의 인생에 의미 있는 한 줄을 남길 수 있지 않을까?

  '돈 많고 시간 없으면 패키지, 돈 없고 시간 많으면 자유여행'이라는 말도 있다. 관성적으로 여행사 패키지에만 의존하는 건 아까운 일이다. 그렇다고 자유여행만을 대단한 기치인 양 고집할 필요도 없다. 한쪽은 '편하게 즐긴다', 다른 한쪽은 '느끼고 체험한다'라는 차이가 있을 터이니 개인 취향과 여건에 따라 선택하면 될 일이다.

  용기나 모험심 따위가 자유여행에 중요했던 건 스티브 잡스가 스마트폰을 내놓기 이전이었다. 지금은 간절한 꿈만 있다면 세상 어디든 혼자 계획을 짜서 자유여행을 떠날 수 있는 시대다. 아르헨티나 어느 도시의 거리 풍경이나 상가 간판은 물론 산골 오지인 잉카 트레일 45km 전 구간의 숲과 지형까지도 구글 지도로 어디서든 쉽게 들여다볼 수 있는 세상에 우리는 지금 살고 있다.

  이 책은 '남미를 한 달쯤 여행하고 싶은데 여행사 패키지로는 만만

찮은 비용도, 생면부지일 멤버들도, 너무 정형화된 스케줄도 다 부담스럽다. 그렇다고 자유여행 떠나기엔 그저 막막…'하다는 분들을 염두에 둔 안내서 또는 '동기 유발서'쯤 되겠다. '이 일정대로 따라 해보시면 어렵지 않습니다'라고 제안하는…….

 오래전, 해외 자유여행이라곤 한 번도 안 해본 내가 혼자 히말라야 트레킹에 나설 결심을 하게 된 결정적 계기가, 먼저 다녀온 안영선 청년을 만나 세세한 여행 동선을 직접 듣고 난 직후였다. 막막했던 머릿속이 그때 비로소 환해지고, 뿌옇던 시야가 사르르 밝아지는 느낌이 들었었다. '뭐, 그냥 계획 세워 떠나면 되겠네' 하는 자신감이 물씬 생겨났던 그때를 생각하며 이 책을 준비했다.
 중년 아재들의 좌충우돌 여행기는 가급적 배제하고, 경유지별 동선과 이동 수단 등 실용적 실질적 여행 정보를 시간대별로 담는데 충실했다. 남미 여행 떠나실 분들이 따라 하기 쉬울 것이고, 유사 일정 짜기 위한 기본 토대로 활용할 수도 있을 것이다.
 베링해를 건넌 초기 인류가 남미대륙까지 흘러와 정착한 건 2만 년 전이라고 한다. 콜럼버스, 코르테스, 피사로 3인으로 대표되는 탐욕스러운 유럽인들이 지난 5백여 년 전 원주민 인디오들을 '총, 균, 쇠'로 살육하여 오늘날의 라틴아메리카 지도가 만들어졌다. 남미 주요 여행지들에 얽힌 이런 격동과 비운의 역사와 문화 이야기들도 현지에서 보고 듣고 배운 대로 충실하게 기록했다. 인문 여행에 관심 가지는 독자들에겐 쏠쏠한 도움이 될 것이다.

얼마 전 MBC 예능 프로 '태어난 김에 세계일주' 남미편에선 우유니 소금 사막이 소개된 바 있다. 사막 위에 펼친 식탁에서 점심을 먹는 빠니보틀 등 출연진이 땅바닥 소금을 긁어내 스테이크를 찍어 먹는 장면이 특히 정겨웠다. 똑같은 상황에서 점심을 먹었던 우리도 '그때 땅바닥 소금 맛을 좀 보면 좋았을걸' 하는 뒤늦은 아쉬움도 일었다. 주인공 기안84 작가가 소금 사막 황혼 정경에 울컥하며 '오랜 꿈이었다'고 읊조리는 장면에서 내가 주인공인 양 쉬이 공감이 되었다.

'The world is a book and those who do not travel read only one page.'

'이 세상은 한 권의 책'이라는 말이다. '여행하지 않는 사람은 오직 한 페이지밖에 읽을 수 없다'고 아우구스티누스는 말하고 있다. 오래 전 현자도 이렇게 '여행을 통한 세상과의 만남'을 강조했다. 하물며 오늘날이야 어떠랴? 아무리 강조해도 지나치지 않을 것이다. 현자가 살았던 시대보다 1,600년 시공을 뛰어넘은 오늘이다. 세상이라는 책자의 페이지 수도 그만큼 방대하게 늘었을 터이다.

차례

프롤로그 　　　　　　　　　　　　　　02

브라질
01 ··· 상파울루 센트로 지구　　　　　　10
02 ··· 브라질 쪽 이과수 폭포　　　　　　18

아르헨티나
03 ··· 아르헨티나 쪽 이과수 폭포　　　　28
04 ··· 여유와 밤샘 버스　　　　　　　　36
05 ··· 부에노스아이레스 센트로 지구　　42
06 ··· 부에노스아이레스 라보카 지구　　48
07 ··· 파타고니아 엘 칼라파테와 엘 찰텐　56
08 ··· 피츠로이 트레킹　　　　　　　　62
09 ··· 세로토레 트레킹　　　　　　　　72
10 ··· 페리토 모레노 빙하　　　　　　　80

칠레
11 ··· 아르헨티나에서 칠레 국경 넘어　　90
12 ··· 토레스 델 파이네 1일, 라스토레스 전망대　96
13 ··· 토레스 델 파이네 2일, 쿠에르노스　　104
14 ··· 토레스 델 파이네 3일, 브리타니코 전망대　112

15 ··· 토레스 델 파이네 4일, 그레이 빙하　　　　120
16 ··· 푸에르토 나탈레스의 하루　　　　128
17 ··· 푼타 아레나스, 남극 가는 관문　　　　134
18 ··· 푼타 아레나스, 마젤란 해협　　　　140
19 ··· 파타고니아에서의 마지막 하루　　　　146

볼리비아

20 ··· 칠레 산티아고 찍고 볼리비아 라파스로　　　　154
21 ··· 티티카카 호수와 코파카바나　　　　160
22 ··· 우유니 투어 1일, 기차 무덤과 소금 사막　　　　167
23 ··· 우유니 투어 2일, 플라밍고와 콜로라다 호수　　　　174
24 ··· 우유니 투어 3일, 고산병과 아르세 광장　　　　182

페루

25 ··· 쿠스코 도심 역사 지구　　　　190
26 ··· 쿠스코 외각 잉카 유적　　　　199
27 ··· 잉카 트레일 1일, 와일라밤바 직전　　　　208
28 ··· 잉카 트레일 2일, 죽은 여인의 고개　　　　218
29 ··· 잉카 트레일 3일, 위대한 잉카 유적들　　　　227
30 ··· 잉카 트레일 4일, 잃어버린 도시 마추픽추　　　　234
31 ··· 쿠스코 박물관 투어와 태양의 거리　　　　244
32 ··· 리마 미라플로레스 지구, 사랑의 공원　　　　254
33 ··· 리마 구도심 역사 지구　　　　262

에필로그　　　　272

남미 여행을 함께한 지구인 남성 넷 - 윤대흠, 유성수, 이상준, 권영기씨

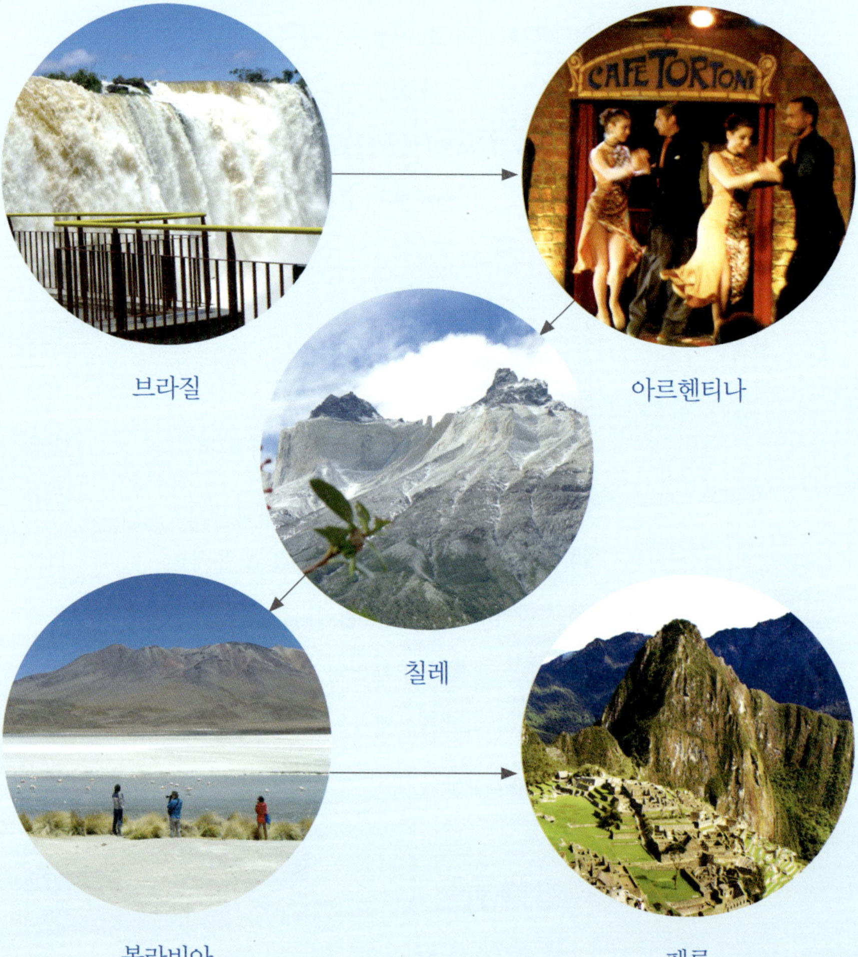

브라질

아르헨티나

칠레

볼리비아

페루

브라질

브라질
상파울루 센트로 지구

'아차, 배낭!'

방망이로 머리 한 대 쿵~ 얻어맞은 느낌이다. 순간적으로 뒤돌아 냅다 뛰었다. 일행들이 놀라며 뭐라고 소리쳐 묻지만 뒤로하고 그냥 달렸다. 작은 배낭을 식당에 두고 온 것이다. 대개는 큰 배낭에 부착하지만 필요할 땐 분리해서 귀중품 넣고 다니는 작은 배낭이다.

지갑 속 카드야 분실 신고하면 그만일 텐데 문제는 여권이다. 잘못되면 나리타 공항에서 오도 가도 못하고 발이 묶일 수 있다. 여행 도중 여권 분실은 치명적이다. '모골毛骨이 송연해진다'는 표현은 이런 때 쓰는가 보다. 공항 내 300여m 거리를 빛의 속도로 달렸다. 좀 전에 나왔던 우동집 앞에 자동적으로 멈춰 섰다. 시끌벅적한 수많은 손님들 사이로 다행히, 내 작은 배낭은 그 자리 그대로 있었다.

"휴~" 허리가 숙여지며 두 손이 무릎에 기대졌다. 비로소 안도의 숨을 몰아쉬었다. 눈 덮인 후지산이 벽면을 가득 메운 그 사진 앞자리, 우리가 우동과 돈가스를 먹었던 그 자리에 나의 작은 배낭은 얌전히 앉아 있었다. '이곳이 남미 현지였어도 과연 저렇게 안전했을까?' 아찔한 10분이었다.

일행들은 아까 그 자리에서 날 기다리고 있었다. 꽤 걱정들 했을 텐데 여유롭게 돌아오는 내 모습에 모두 안심한 표정들이다. 겉으론 웃음 지어 보이려 애썼지만 은근 돌 씹은 기분이다. 허겁지겁 법석 떠는 모습을 보이다니 민망하고 자존심도 상했다. 이번 여행의 리더이자 대장으로서 노련한 모습을 견지하고 싶었는데 초장부터 스타일 구겼다.

　인천공항 출발 후 나리타공항에서 환승하며 이렇게 2시간을 보냈고, 다시 12시간 넘는 비행 끝에 뉴욕에 도착했다. 뉴와크공항에서 환승하며 5시간을 대기했고, 다시 10시간 비행 끝에 상파울루에 도착했다. 전날 오후 1시 반에 출발하여 다음 날 오전 10시 반에 최종 목적지에 도착했으니 시차 11시간 감안하면 장장 32시간이나 걸렸다. 브라질로 들어가 페루에서 나오는 저가 항공권이라 두 번의 환승에 따른 장시간은 감수해야 했다.

　상파울루에는 두 개의 공항이 있다. 서울의 김포공항에 해당하는 콩고냐스(Congonhas)공항이 치에테 강 남쪽 도심 근처에 있고, 우리가 방금 내린 과를류스(Guarulhos) 국제공항은 인천공항처럼 도심 외곽에 자리잡고 있다. 공항을 나와 택시로 20km를 달려간 곳은 도심 복판에 있는 치에테(Tiete) 버스터미널이다. 저녁에 타고 떠날

고속버스 표를 시간에 맞춰 미리 끊었고, 로커 3개를 빌려 배낭들을 임시 보관해 두었다. 비록 오후 한나절, 고작 여섯 시간에 불과하지만 상파울루 도심을 보다 홀가분하게 둘러보기 위한 무장 해제다.

터미널에 연결된 포르투게사 치에테(Portuguesa tiete)역에서 메트로 1호선에 올랐다. 다섯째 구간인 세(Se)역에서 3호선으로 갈아타고 두 구간인 헤푸블리카(Republica)역에서 내렸다. 도시 여행에서 전철 노선을 유심히 헤아려보는 건 늘 도움이 되고 재미도 있다. 브라질에서 처음 타보는 지하철이지만 일행 모두 익숙한 표정들이다. 어느 도시나 비슷한 시스템, 색다를 게 없는 것이다. 1호선은 파란색, 3호선은 주황색으로 서울 지하철과 지도 색상이 같은 게 살짝 신기하다.

역에서 나왔다. 바로 헤푸블리카공원(Praca da Republica)이다. 주변은 서울 명동처럼 여행자와 현지인들이 다양하게 섞여 활기차 보인다. 한편으론 탑골공원을 연상시키게도 한다. 시니어나 노숙인들이 멍한 시선으로 앉아 있거나 여기저기 드러누워 있는 모습들도 흔하게 보인다.

일요일엔 노천시장이 선다고 들었지만, 목요일임에도 기념품이나 잡화를 파는 천막 상인들이 많다. 상가 밀집 거리를 지나다 상준 씨와 성수 씨가 이끄는 대로 시끌벅적한 식당으로 들어섰다. 우리 돈 2만 원도 안 되는 고기 뷔페는 양은 물론 질적으로도 다섯 모두를 만족시켰다. 그림을 그리거나 노래하는 거리의 예술가들, 무슨 시위라는데 축제처럼 요란하고 즐거워 보이는 이들로 북적이는 주변은 예전 리스본의 구시가 어느 길목에서 본 것과 비슷한 분위기다.

상파울루 대성당인 세 성당(Catedral da Se) 앞 세 광장(Praca da

Se)은 상파울루의 중심이자 일번지인 곳이다. 광장 중앙에 세워진 육각형 표지석은 여행자들에게 이 도시의 기점을 알려주는 역할을 한다. 10m는 넘어 보이는 야자나무들이 열 지어 섰고, 두 개의 연두색 첨탑이 높이 솟은 대성당 분위기가 광장 주변을 매우 경건하고 격조 있게 만들고 있다.

하지만 외지 여행자들에게 이곳 세(Se) 광장은 소매치기에 특히 주의해야 하는 곳으로 악명이 높다. 광장 맨바닥에 널브러져 잠든 노숙인들 모습이 그런 소문을 뒷받침하는 듯하다. 내 작은 배낭이 나리타 공항이 아니고 이곳 벤치에 10분이나 방치됐어도 과연 온전했을까?

대성당 뒤쪽으로 주앙 멘데스 광장(Praca Dr. Joao Mendes)에 서 있는 '신문팔이와 구두닦이 소년(Contando a feria)' 조각상이 특히 눈길을 끈다. 1950년대 열악했던 시절에 이 도시를 살아가던 어

상파울루 대성당

린 청소년들의 애환과 일상의 모습을 담고 있다.

남미 최대의 상권인 상파울루 센트로 지구(Zona Central de Sao Paulo)에서의 6시간은 금세 흘렀다. 넓이는 서울의 2.5배지만 인구 밀도는 절반밖에 안 되는 도시다. 사도 성 바오로(Saint Paul)의 이름이 지명인 도시, 옛날 한때

상파울루 세 광장

는 브라질의 수도로 내가 잘못 알고 있었던 도시를 이렇게 한나절 촉박하게 보내다 떠난다. 남미 최대의 터미널이라는 치에테 버스터미널에서 오후 6시 반 버스를 탔다.

원래 내가 짰던 일정 계획은 상파울루에서 1박 하고 리우데자네이루까지 둘러보는 거였다. 멤버 4인이 도시 일정을 줄이고 이과수 폭포를 추가하자는 의견이 워낙 강해서 내 고집을 꺾을 수밖에 없었다. 몇 달 전 멤버를 선정할 때는 내가 짠 일정은 그대로 따른다는 조건이었는데, 멤버가 확정되고 나니 4인이 뭉쳐서 일정 변경 압박을 가해왔다. 기분이 언짢았지만 할 수 없이 수용해줬다. 나중에 이과수 일정 끝내면서의 느낌은 일정 바꾸길 백번 잘했다는 거였다.

상파울루 센트로 지구 17

브라질 쪽 이과수 폭포

　상파울루에서 이과수까지는 1,000km가 훌쩍 넘는 거리이다. 버스로 15시간 걸린다니까 내일 아침 9시 반 도착이다. 침대차는 아니고 우리나라 우등고속 수준이다. 온전히 하룻밤 보내기엔 약간의 불편함이 예상되지만 감수해야 한다. 밤샘 버스 비용에 우리 돈 4만 원 수준이다. 하루 숙박비까지 고려하면 가성비 최고다.

　세계 3대 폭포라면 북미 나이아가라, 남미 이과수, 아프리카 빅토리아를 흔히들 말한다. 셋 중 구태여 하나를 꼽으라면 이과수를 택하는 이들이 많다. 브라질, 아르헨티나, 파라과이 3개국 경계에 위치한

 이과수 폭포는 들어가는 관문이 두 군데다. 우리처럼 남미대륙을 브라질부터 시계 방향으로 여행하는 경우는 브라질 쪽 관문인 포즈 두 이과수(Foz do Iguacu)를 통하고, 그 반대 방향으로 여행하는 이들은 아르헨티나 쪽 관문인 푸에르토 이과수(Puerto Iguazu)를 먼저 거치는 게 일반적이다.
 양쪽의 특징이 있다면 브라질 쪽은 멀리서 폭포를 바라보는 풍경이 장관이고, 아르헨티나 쪽은 폭포에 근접해서 물보라까지 뒤집어쓰기에 더 실감이 난다. 양쪽을 다 보지 못하고 일정상 한쪽만 본다면 아르헨티나 쪽을 많이들 권한다. 객관적으로 더 웅장하고 더 아름답기 때문이다. 양쪽 다 본다면 우리처럼 브라질 쪽이 먼저다. 더 멋진 건 아껴두고 나중에 보는 것이 전체 만족도를 높일 것이기 때문이다.

밤샘 버스는 예정보다 30분 늦은 오전 10시에 포즈 두 이과수 버스정류장에 도착했다. 포르투갈어 '포즈(foz)'는 '강의 입구'나 '합류合流' 또는 '관문'을 의미한다. '이과수 강물의 관문'이란 의미의 'Foz do Iguaçu'가 도시 이름이 되었다. 정류장 인근의 짐 보관소에 배낭 일체를 맡기고 버스로 20km 거리의 이과수 국립공원(Parque Nacional do Iguaçu)으로 향했다. 금요일 낮시간임에도 매표소 입구는 긴 줄이 이어져 있다.

십여 대 자판기에서 매표하는 방식이라 우리 앞줄이 줄어드는 속도는 빨랐다. 매표 후 대기 중이던 2층버스에 올랐다. 2차선 포장도로를 잠시 달렸고, 종점인 벨몬드 호텔 맞은편 1차 전망대(Primeiro Mirante das Cataratas) 입구에서 승객 모두 내렸다. 폭포 앞까지 이어지는 1.5km의 좁은 산책로(Path of The Falls Trail)를 걷기 시작했다.

울창한 숲속에 잘 조성된 트레일을 따라 백여 미터 걸어 내려가자 시야가 확 트이는 광장 전망대이다. 거대한 폭포들이 처음으로 그 위용을 드러내는 위치다. 거리는 멀었지만 이과수와의 첫 대면은 압도적이었다. 푸르른 밀림 한가운데에 칼로 무를 벤 듯 절벽들이 수직으로 잘린 형상이다. 베어진 단면에서 하얀 포말의 폭포수들이 여러 갈래로 밀림을 뚫고 나와 절벽 아래로 내리꽂히고 있다. 뭉게뭉게 피어난 뽀얀 물안개가 폭포 주변을 신비롭게 감싸돌고, 편안한 데크길을 따라 폭포 아래 근처까지 온통 관광객들로 북적거린다. 모두가 처음인 듯 한결같이, 놀라고 감탄하는 모습들이다.

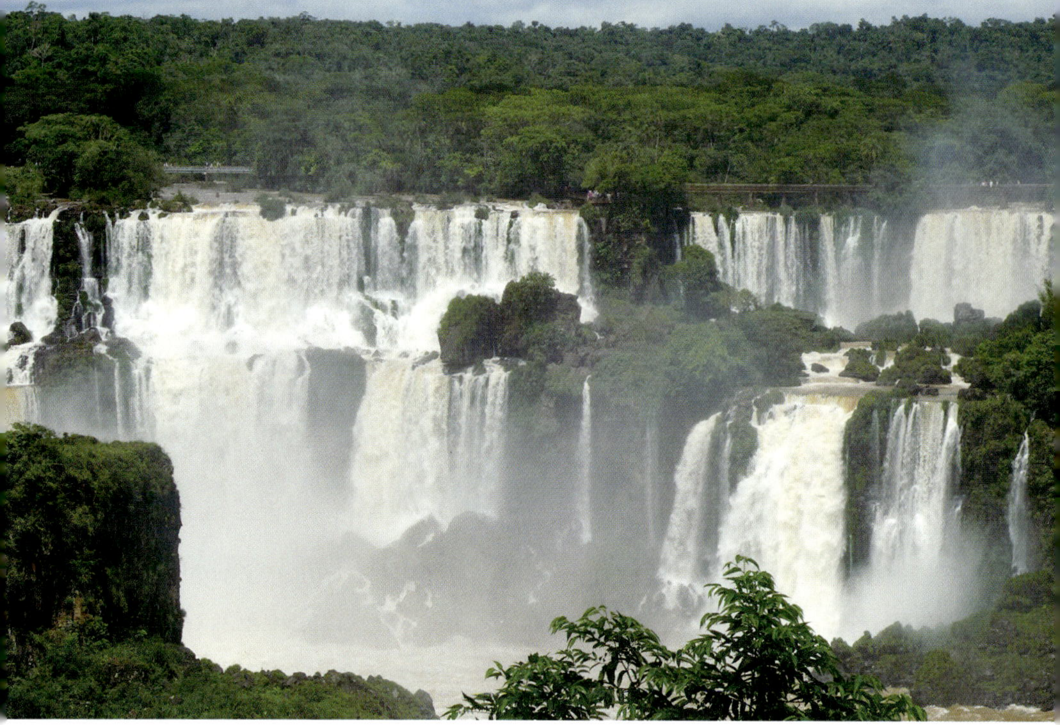

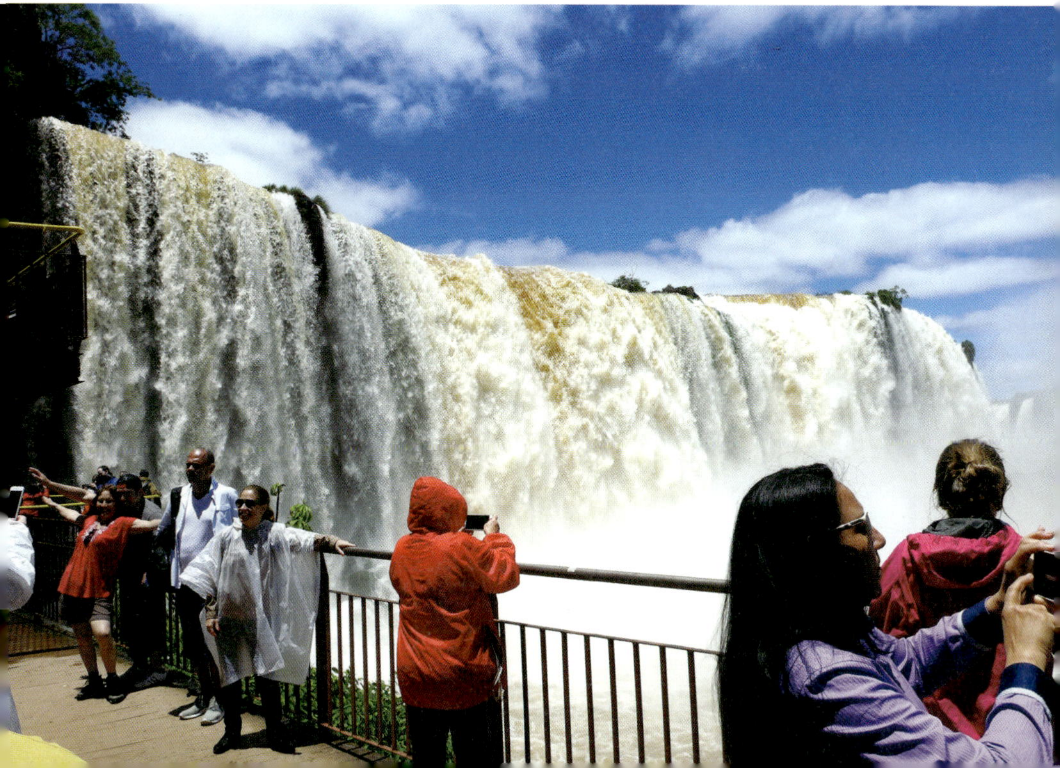

브라질고원에서 발원한 파라나강(Rio Parana)은 남쪽 아르헨티나로 흐르며 여러 지류 물길들을 받아들인 후 부에노스아이레스에서 대서양으로 흘러든다. 이런 지류들 중 작은 물길 하나에 불과한 이과수 강이 큰 물길 파라나 강에 합류되기 직전, '나 여기 있소' 하며 거대 폭포로 변신해 한바탕 소란을 피우는 형국이다.

3km 가까이 포물선 형태로 이어지는 절벽들이 어마어마한 양의 물 폭탄을 쏟아내고 있다. 잘 정비된 트레일을 따라 점점 강가로 내려가면서 맞은편 아르헨티나 쪽 폭포들을 감상한다. 이과수 폭포의 하이라이트는 포물선 중앙에 위치한 '악마의 목구멍(La Garganta del Diablo)'인데 아르헨티나 지역에 속하다 보니 브라질 쪽에선 거리가 멀어 실감이 덜 난다.

브라질 쪽에서도 하이라이트는 두 군데 있다. 첫 번째가 '악마의 목구멍'이 잘 보이는 '악마의 목구멍 전망대(Mirante da Garganta do Diabo)'이다. 150m로 이어지는 데크 산책로를 따라 강 복판까지 다녀오는 것이다. 막 쏟아져 내린 폭포수 급류 위를 걷는 것이라 아찔한 느낌일 수밖에 없다.

　브라질 쪽 이과수의 두 번째 하이라이트는 '악마의 목구멍 엘리베이터(Elevadores da Garganta do Diabo)' 앞에 설치된 난간 발코니이다. 70m 절벽에서 쏟아져 내리는 폭포수 바로 옆인데, 이과수 여행자들 누구나 최고의 인증샷을 남기고 싶어하는 명소일 것이다. 폭포수의 굉음과 함께 물보라도 심해서 언뜻 비현실적 상황에 놓인 것처럼 기분이 몽롱해진다. 오래전 홍콩 영화 속에서 바로 이곳 난간에

서 있던 양조위 배우의 모습이 자연스레 떠올랐다. 눈앞 거대한 폭포를 바라보며 물보라를 흠뻑 맞던 장면이다.

왕가위 감독의 1997년 영화 〈해피 투게더〉는 홍콩의 두 젊은이가 지구 반대편 아르헨티나로 여행 와선 막연하게 이과수 폭포로 떠나다 길을 잃는 장면으로 시작된다. 그리고 우여곡절을 거치는 두 사람, 결국은 각자가 다른 모습으로 이과수 폭포와 함께하는 모습을 비춰주며 영화는 끝이 난다. 부에노스아이레스 어느 골방에 남겨진 보영(장국영 분)은 침대 머리맡 스탠드에 그려진 이과수 폭포를 바라보며 절망하고, 홀로 이과수 현장에 찾아온 아휘(양조위 분)는 바로 이곳 폭포 현장 난간에 서서 물보라를 맞으며 회한에 젖어들고 있다.

난간 앞 엘리베이터를 탈 수도 있었지만 계단을 타고 3층 지상으로 올라왔다. 폭포 현장에 있다가 벗어나 낙하 직전의 강물 전체를 조망하는 위치다.

두 시간 반 동안의 트레킹을 마치고 눈앞에 보이는 뷔페 레스토랑으로 들어섰다. 늦은 점심을 마친 후 이곳에서 버스를 타고 매표소 출구로 나가면 오늘의 브라질 쪽 이과수 여행은 끝이다.

이과수 폭포가 세계 최고임을 내세울 때 가장 많이 회자되는 표현이 'Oh, poor Niagara!'일 것이다. 1940년대 루스벨트 대통령 부인 엘리노어 여사가 이과수 폭포를 보고 감탄하며 중얼거렸다는 표현이다. 지금껏 북미대륙의 폭포가 세계 최고인 줄 알았는데 남미대륙에서 만난 이과수와 비교해 보니 상대적으로 초라하고 안쓰럽게 느껴졌는가 보다. 해서 은연중 나온 표현이 '어쩌나, 가련한 나이아가라!'였던 모양이다.

오늘 아침 매표소 입구에서는 '세계 7대 자연경관(The 7 Wonders of the World) 중 한 곳에 온 것을 환영한다'는 포르투갈어와 영어 문구가 입장객들의 눈길을 사로잡았다. 2011년 이과수 폭포가 세계 7대 자연경관에 선정 발표될 때 나이아가라는 28개 후보군에도 포함되지 못했던 걸 보면, 미국의 영부인은 70년 후의 먼 미래를 내다봤는지도 모른다.

브라질 쪽 이과수 폭포 25

Argentina

아르헨티나

아르헨티나
아르헨티나 쪽 이과수 폭포

　브라질 쪽 이과수는 코스가 복잡하지 않았다. 잘 조성된 1.2km 산책로를 따라 편도로 폭포 앞까지 걸어갔다가 버스를 타고 돌아오면 되었다. 물론 사이사이에 여러 샛길도 있고 사파리 가는 길 등도 있지만 대체로 단순했다. 반면에 아르헨티나 쪽은 면적도 넓고 노선도 꽤 복잡하다. 시간적으로도 브라질 쪽이 반나절이라면 아르헨티나 쪽은 한나절 넘게 잡아야 한다. 모두 다섯 개 코스를 거쳐야 하기 때문이다. 물론 각 코스의 선택은 각자의 몫이다. 버스 대신 레일 위 전동열차가 여러 정류장에 서기 때문에 원한다면 걷는 번거로움을 피할 수도 있다.

　공원 입구로 들어서면 도보로 400m 전방에서 센트럴 정류장(Estacion Central) 사거리를 만나는데 여기서 우측 길로 들어선다. 울창한 숲속 산책로인 1단계 그린 트레일(Sendero Verde 0.65km)이다. 카타라타스 정류장(Estación Cataratas)에서 숲이 끝나며 잠시 후 2단계인 로워 트레일(Circuito Inferior 1.4km)로 이어진다. '폭포 아래편 강(Rio Iguazu Inferior)' 일대를 한 바퀴 돌아 폭포의 다양한 정경과 만나는 순환 코스다. 로워 트레일에선 보세티 폭포(Salto Bosetti) 앞이 가장 인기 있는 명소다. 산책로 끝 지점 난간 위에선 폭포를 등지고 물보라를 맞아가며 인증샷 찍는 이들로 늘 북적인다.

3단계는 보트 투어(Aventura Nautica)다. 로워 코스 산책로 바로 밑에 있는 승강장에서 보트에 올라 산마르틴 폭포(Salto San Martin) 앞까지 다녀온다. 짧은 시간이지만 마치 롤러코스터를 탄 듯 정신이 혼미해진다. 거친 파도를 헤치며 폭포 바로 밑까지 다가가선 물 폭탄을 흠뻑 맞고 돌아오는 것이다. 보트에 탄 20여 명이 동시에 질러대는 엄살 섞인 비명들이 폭포수의 굉음을 압도하면서 짜릿한 스릴을 맛보게 해줬다.

4단계는 데크를 따라 폭포 위쪽으로 길게 올라가며 '폭포 위편 강(Rio Iguazu superior)' 주변을 둘러보는 어퍼 코스(Paseo Superior 1.55km)다. 100m도 안 되는 고도 차이지만 그동안 에너지 소모가 많았기 때문인지 모두들 산 정상에 오르듯 숨차고 힘들어하는 모습들이다.

어퍼 코스에선 산마르틴 등 4개의 폭포 바로 위에 설치된 전망대가 각기 독특한 뷰를 선사한다. 폭포와 같은 높이로 강 한가운데에 서 있는 산마르틴 섬의 존재도 새삼 돋보인다. 보트를 타고 섬으로 들어간 여행자들이 섬 전망대 맞은편의 우리와 눈이 마주치기도 한다.

마지막 5단계는 이과수 통틀어 하이라이트인 '악마의 목구멍'까지 다녀오는 코스(Paseo Garganta del Diablo 왕복 2.2km)다. 어퍼 코스 종점에 있는 카타라타스 정류장(Estacion Cataratas)에서 전동열차에 오르면 폭포 위편 강 주변을 감상하며 2.5km 거리의 철길 위를 편안하게 달린다.

로워 트레일 끝 지점 보세타 폭포 앞

　가르간타 정류장(Estacion Garganta)에 내려 강 위에 설치된 철재 다리 1.1km를 걷고 나면 드디어 '악마(Diablo)의 목구멍(Garganta)' 바로 위 하이라이트 지점이다. 총길이 2.7km에 걸친 포물선 형태 이과수 폭포의 중심 위치다.

　브라질과 아르헨티나 국경선이 가로지르는 거대한 물웅덩이 속으로 이과수 폭포수의 절반이 빨려들고 있다. 흡사 거대한 괴물의 아가리가 세상 모두를 흉악스럽게 집어삼키는 형국이다. 온갖 영상으로 봐 온 블랙홀이나 태풍의 눈 현상이 바로 앞에서 펼쳐지는 것이다.

　폭포수의 굉음과 하얀 포말들이 뒤엉킨 물안개 속에서 천지 분간이 안 된 채 짜릿한 희열을 느낀다. 또 한편으론 그 누구도 거스를 수 없는 자연의 거대한 힘을 실감하며 오싹한 두려움에 빠져들기도 한다.

　영화 〈해피 투게더〉의 엔딩에서 양조위가 브라질 쪽 폭포수에 흠뻑 젖는 모습을 비추던 카메라는 홀연히 아르헨티나 쪽으로 옮겨가며 악마의 목구멍 상공을 무려 2분 넘게 롱 테이크로 보여준다. 우리가 서 있는 현장에선 하얀 물보라와 하얀 폭포수, 온통 맑은 세상이지만 영화 속 화면이 보여주는 거대 폭포는 칙칙한 갈색의 흙탕물투성이다. 두 주인공 아휘와 보영의 온갖 욕망과 사랑의 추억들이 폭포 아래로 쓸려 내려가 묻히면서 다시는 세상 밖으로 나올 수 없을 듯하다. 영화 속에서 반복되던 두 연인의 재회 또한 두 번 다시는 이뤄지지 않을 것 같다. 세상의 끝임을 연상시킨다.

　이과수 폭포를 세상에 많이 알리기로는 1986년 개봉된 롤랑 조페 감독의 영화 〈미션〉을 꼽을 수 있다. '선교(Mission)'라는 제목부터 종

교적 색채를 풍기지만, 종교와 무관하게 수많은 영화팬들을 감동시킨 명작이다. 칸영화제 황금종려상 수상이 그 작품성을 대변해준다.

　유럽 각국이 남미대륙을 놓고 식민지 쟁탈전을 벌이던 16세기 중반, 이과수 폭포와 주변 밀림을 배경으로 에스파냐 선교사와 과라니족 원주민들의 이야기를 담고 있다. 선교 목적으로 이과수 폭포를 거슬러 절벽에 오른 가브리엘 신부가 밀림 속에서 연주하는 엔니오 모리코네의 청아한 멜로디는 오늘날까지도 모두에게 익숙하다. '가브리엘 오보에(Gabriel's Oboe)'라는 원제목보다는 사라 브라이트만이 편곡해 부른 곡 '넬라 판타지아(Nella Fantasia)'로 영화보다 더 많이 알려졌다.

영화 속 엔딩 자막도 여운을 더한다. 포르투갈 군인들이 과라니족을 학살하는 과정에서 살아남은 인디오 아이들이 조그만 보트를 타고 어딘가로 노 저어 떠나는 엔딩 부분에서다.

'The light shines in the darkness and the darkness has not overcome it.'

(어둠 속에 한 줄기 빛이 있다. 어둠은 빛을 이겨본 적이 결코 없다. -요한복음 1장 5절)

에스파냐 신부들과 과라니족 대부분이 학살당하지만 겨우 살아남은 인디오 아이들은 한 줄기 빛이 되어 새로운 삶의 터전을 찾아나서고 있다. 거대한 폭포 '악마의 목구멍'이 세상의 모든 걸 어둠 속으로 빨아들이는 듯 보이지만, 폭포 아래서는 새로운 흐름이 생기고 있다. 그 물길은 더 넓은 파라나 강(Rio Parana)으로 흘러들어 결국은 대서양 넓은 바다와 만나는 것이다.

영화 〈해피 투게더〉 엔딩에서의 '악마의 목구멍'은 세상의 끝이요 종말을 떠올리게 하지만, 영화 〈미션〉 엔딩에서의 이과수는 새로운 시작을 연상시킨다.

아르헨티나
여유와 밤샘 버스

'1분 지나면 세상 근심이 사라지고, 10분 지나면 온갖 시름이 저절로 잊힌다. 그러나 30분 넘게는 바라보지 마라. 당신의 영혼을 빼앗기고 빨려들지도 모른다.'

이과수 투어를 맡은 어느 가이드가 '악마의 목구멍' 위에서 했다는 말이다. 일행 중 연장자인 권영기 씨가 남미 오기 전 여행 기사에서 읽었다며 엊저녁 맥주 마시며 우리 일행에게 해준 말이다.

영화 〈미션〉의 장엄한 포스터는 십자가에 묶인 스페인 선교사가 이과수 폭포 아래로 떨어지는 장면을 담았다. 실제로 이과수에선 실족인지 자살인지 모를 추락 사고들이 자주 발생한다고 한다.

세계 최고의 폭포인데 기원이 되는 전설 또한 없을 수 없다. 역시 선남선녀의 애틋한 사랑 이야기다. 옛날 옛적 이곳에는 음보이(M'Boi)라는 뱀신이 폭포 일대를 지배했는데, 과라니족 원주민들은 매년 그에게 인간 제물을 바쳐야 했다. 어느 해, 아리따운 처녀 나이피(Naipi)가 제물로 결정되어 바쳐지려 하자, 용감한 전사인 약혼자 타로바(Taroba)가 그녀를 구출해 도망친다.

둘은 물살 빠른 이과수 강에 카누를 띄워 열심히 노를 젓지만, 뒤늦게 이를 알아차린 뱀신의 추격을 받는다. 좀처럼 따라잡지 못하자 화가 난 뱀신은 몸통을 훌쩍 들어 솟구치며 카누 쪽을 내리쳤다. 그 순간 강바닥이 80m 내려앉으며 절벽으로 변했고 강물은 폭포수로 변하고 만다. 이 충격으로 카누에서 튕겨 나간 타로바는 브라질 쪽 폭포 위 야자나무가 되었고, 나이피는 아르헨티나 쪽 폭포 아래 작은 바위가 되었다. 둘은 서로 상대의 존재를 알지만 영원히 만날 수는 없고 가끔 무지개로 연결될 뿐이다.

이렇게 뱀신의 격노로 거대한 폭포가 생겨난 이과수 강은 북서쪽으로 25km를 더 흐른 뒤 더 길고 더 넓은 파라나 강으로 합쳐진다. 두 개의 물줄기가 세 개의 나라 파라과이, 브라질, 아르헨티나를 가르는 경계선이 되고, 두 강물이 만나는 주변에는 3개국의 작은 도시 3개가 오밀조밀 퍼즐처럼 붙어 있다. 셋 모두 각 나라에선 국경 변방의 작은 도시에 불과하지만 각기 국제공항 하나씩을 품고 있다. 세계

제일의 폭포를 이웃에 둔 덕분이다.

세 도시 중 파라과이의 시우다드 델 에스테(Ciudad del Este)는 이번 우리 여행과는 무관했고, 브라질의 포즈 두 이과수는 그제 오전에 밤샘 버스에서 내려 터미널 주변 로커에 배낭을 맡겨둔 인연이 전부다. 브라질 쪽 폭포를 5시간 둘러본 후 배낭을 도로 찾아서 아르헨티나의 푸에르토 이과수로 넘어왔다.

남미에 와서 처음으로 국경을 넘는 거였지만 택시 한 대에 다섯이 끼워 탄 우리는 차에서 내리지도 않았고 간단히 검문받는 정도였다. 국경의 두 도시를 연결하는 유일한 통로는 브라질 정치인의 이름을 딴 탄크레도 네베스 다리(Ponte Tancredo Neves)다. 1985년에 브라질 대통령에 당선됐지만 취임 직전에 병으로 사망하면서 그때 막 준공된 이 다리에 이름을 올리게 됐나 보다. 다리 난간에 살짝 보이는 두 나라의 국기 그림이 그나마 이곳이 국경 지역임을 일깨워줬다.

어제 아르헨티나 쪽 이과수까지 이틀째 폭포 여행을 마친 우리는 오후 6시에 숙소로 돌아왔다. 11월의 한국은 초저녁이지만 여름철의 남미는 늦은 오후 시간이다. 이과수 폭포에서 18km 떨어진 푸에르토 이과수는 인구 수만의 조그만 도시라 따로 둘러볼 매력을 느끼지 못했다. 다들 숙소에 머물기를 원했다.

1인당 숙박비 3만 원의 저렴한 호스텔임에도 풀장까지 딸려 있어서 편하고 좋았다. 전날인 그제 오후엔 모두가 함께 수영을 즐겼고, 어제 오후는 먹고 마시기 위주의 파티를 열었다. 인근 마트에서 소고

기, 와인, 맥주, 양파, 과일 등 손 가는 대로 푸짐하게 쓸어 담았지만, 아르헨티나 소도시에서의 식품값은 예상보다 매우 저렴했다.

우리 다섯 명의 역할도 나름대로 자연스럽게 분담이 되었다. 상준 씨와 성수 씨가 장보기 품목을 결정해 요리 과정을 주도했고, 대흠 씨는 뒤에서 훈수 또는 잔소리하는 역할을 맡았다. 연장자 꼰대 축인 나와 영기 씨는 만들어진 음식을 군소리 없이 맛있게 먹어주면 되는 거였다. 주방에서의 비프스테이크에 와인 그리고 베란다에서의 2차 맥주 자리에 이어 풀장 옆으로 옮긴 3차 자리까지, 아재 다섯의 폭풍 수다가 길게 이어진 저녁이었다.

남미에서의 4일째 아침은 성수 씨가 한국에서 준비해 온 안성탕면 으로 때웠다. 엊저녁 7시에 시작해 12시에 끝난 술자리였기에 모두에 게 좋은 해장이 되었다. 배낭을 정리하고 느지막하게 숙소를 나섰다.

푸에르토 이과수 버스터미널

　스페인어 '푸에르토(Puerto)'는 영어로 '항구(Port)'에 해당한다. '푸에르토 이과수'를 구태여 우리말로 옮기면 '이과수 항'이다. 바다는 멀지만 네모꼴 도시의 3면이 이과수 강과 파라나 강에 둘러싸여 있기에 충분히 납득되는 지명이다. 터미널 인근 레스토랑에서 점심을 먹고 이 작은 변방 도시와 헤어질 채비를 마쳤다.
　부에노스아이레스까지 달리는 장거리 버스는 의자가 뒤로 젖혀지는 각도에 따라 3개 등급이 있었다. 절반 젖혀지는 세미 카마(Semi Cama 120도)와 코치 카마(Coche Cama 160도) 그리고 완전히 드러누울 수 있는 카마 토털(Cama Total 180도)이다.
　우리는 중간인 160도 좌석을 선택해 오후 2시 50분 버스에 올랐다. 비용은 1인당 우리 돈 10만 원, 상파울루에서 이과수로 올 때 버스값의 2.5배지만 거리와 좌석 편이도를 감안하면 가성비는 충분하

다고 모두 느꼈다. 더구나 1박 숙박비까지 고려하면 더욱 그렇다.

　아무튼 내일 아침까지 18시간에 걸쳐 1,300km를 달리는 반 침대 버스, 와이파이도 안 되고 두 번 나오는 식사도 별로였지만 피곤 탓인지 잠자리는 모두에게 편했다. 이렇게 우리는 브라질 접경인 동북단 국경을 떠나 아르헨티나의 중심 도시로 향하고 있다.

아르헨티나
부에노스아이레스 센트로 지구

　오전 10시 반에 도착했다. 부에노스아이레스의 레티로 버스터미널(Terminal Retiro)은 아르헨티나 북부로 통하는 대중교통의 요지이다. 예정보다 90분이나 지연되어 시간이 좀 아까웠지만 버스에서 내리자마자 온몸으로 훅 밀려드는 바다 내음이 좋았다. 라플라타 강(Río de La Plata) 하류의 대서양 바다 향기일 것이다. 심호흡을 크게 하며 들숨 날숨을 반복했다. 축 늘어졌던 온몸 세포들이 다시금 기지개를 켜는지 원기가 솟구쳐 오르는 듯싶었다.
　이곳 레티로 터미널이 여행자들의 물품 도난 사고가 많다는 소문을 서로 일깨워주며 버스 짐칸의 배낭과 짐들을 모두 챙겼다. 예약된 숙소까지 3.5km는 걸어가기로 했다. 거의 스무 시간 동안 버스 안에서 누웠다 일어났다를 반복한 몸이다. 에너지 충전은 잘 되었을 것이다. 완전 군장 차림의 군인들처럼 크고 작은 배낭을 메고 손에는 이러저런 물품들을 들었지만 발걸음들은 다섯 사람 모두 가볍다.

  도심을 활보하며 대로를 가로질러 골목을 누비다 한 시간 만에 숙소에 도착했다. '남미사랑 호스텔', 현지 여행 정보를 효율적으로 얻는 데에는 한인 민박집이 최고임은 그동안의 경험이 말해준다. 도미토리 8인실에 대충 짐을 정리해 두고 최대한 가벼운 차림으로 숙소를 나섰다. 며칠 전 상파울루에 이어 남미 대도시와의 두 번째 만남이다.

부에노스아이레스 레티로 터미널

숙소에서 남쪽으로 한 블록인 의회광장(Plaza del Congreso)을 스치듯 지났다. 이 광장을 사이에 두고 연방의회(Congreso de la Nacion Argentina) 건물과 바롤로 궁(Palacio Barolo)이 적당히 떨어져 있다. 특히 바롤로 궁은 흡사 바르셀로나의 가우디 건축을 연상시키듯 꽤 시선을 끄는 디자인이다. 가이드 투어를 신청하면 이 독특한 건물 22층 전망대에서 시내 전체의 파노라마를 조망할 수 있다고 했지만 그냥 지나치기로 했다.

리바다비아 거리(Av. Rivadavia)를 십여 분 따라 걷다가 특별한 도로 위로 들어섰다. 편도 7차선에 왕복 14차선으로 폭이 100m를 훌쩍 넘기는 듯하다. 부에노스아이레스 센트로 일대를 남북으로 길게 잇는 이 도로, '7월 9일 대로(Av. 9 de Julio)'는 '세계에서 가장 넓은 도로'인 것으로 유명하다. 아르헨티나가 스페인으로부터 독립한 1816년 7월 9일 날짜를 도로명으로 삼았다.

오벨리스크(Obelisk)는 고대 이집트에서 태양 숭배를 위해 세웠던 거대한 돌기둥을 말한다. 부에노스아이레스에도 유사한 거탑이 있으니 오벨리스코(Obelisco)로 불린다. 7월 9일 대로에 들어서자마자 북쪽으로 길 복판에 하늘 높이 솟아있는 흰색의 자태가 우리 일행 다섯의 시선을 단번에 끌어모았다. 도시 건설 400주년을 기념하여 세워졌다고 한다. 이 도시의 상징 기념탑이면서 랜드마크인 셈이다. 거탑을 배경으로 다른 여행자들처럼 각자 나름의 포즈로 인증 사진들을 남겼다.

높이 70m의 오벨리스코가 서 있는 이곳은 동서를 잇는 코리엔테

오벨리스코

스 거리(Av. Corrientes)와 남북을 잇는 7월 9일 대로가 서로 만나 교차하는 광장이다. 레푸블리카 플라자(Plaza de la Republica), 우리말로 옮기면 '공화국 광장'이다. 지명 속에 도시의 중심을 연상시키는 어떤 암시가 느껴진다.

광장 앞 코리엔테스 거리를 따라 걷다 폭 좁은 골목길로 들어섰다. 대로와는 전혀 다른 분위기의 보행자 전용도로다. 부에노스아이레스에서 가장 번화하다는 이곳은 쇼핑 일번가인 플로리다 거리(Av. Flolida), 우리로 치면 서울의 명동거리에 해당한다.

다양한 카페와 레스토랑, 패션 또는 기념품 가게 등이 촘촘하게 밀집한 채 서로 경쟁하는 모양새다. 군데군데 일정 공간을 확보한 거리 예술가들 또한 다양한 동작으로 행인들의 눈길을 끌어들이고 있다.

부에노스아이레스 센트로 지구 45

플로리다 거리 남단 주변 또한 여행자의 관심을 끌 만한 명소들이 서로 인접해 있다. 유럽과 남미 대도시에 하나씩 있게 마련인 대성당(Catedral Metropolitana de Buenos Aires)이 먼저 눈에 띈다. 아르헨티나의 독립 영웅이자 남미 해방의 아버지인 산마르틴 장군이 안장되어 있는 곳이다. 플로리다 거리가 시작되는 북단 또한 장군의 이름을 딴 산마르틴 광장(Plaza General San Martín)이다.

대성당 남쪽에 펼쳐진 5월 광장(Plaza de Mayo) 또한 이 도시의 중심 광장에 해당한다. 1810년 5월 25일, 아르헨티나 국민들이 스페인으로부터 독립을 쟁취하기 위해 투쟁을 시작한 5월 혁명이 바로 이 광장에서 비롯되었다. 군사 독재정권 시절 실종된 민주투사들의 가족들이 '5월 광장 어머니회(Madres de Plaza Mayo)'를 만들어 수십 년간 정례적으로 집회를 실시했던 곳이다. 우리 서울의 광화문 광장처럼 지금도 인권 문제 등 일반 대중들의 다양한 정치적 의사들이

표현되는 집회 공간이다.

　광장 한 켠에 'Ministro Rossi: Patriotismo NO!!! Nepotismo Si!!!'라고 쓴 현수막을 내걸고 천막 속에서 농성 중인 이들도 보인다. 하지만 그들의 표정은 그다지 심각해 보이진 않는다.

　센트로 남쪽 산 텔모(San Telmo) 지구는 스페인 정복자들이 이 도시를 공략할 때 전초기지로 삼았던 곳, 한때는 부유층들의 거주지였다는데 지금은 세월과 함께 쇠락한 모습으로 변해 있다. 그런 원도심 스타일의 고풍스런 분위기가 여행자들에겐 오히려 매력을 주는 듯하다.

　5월 광장에서 남쪽으로 1.5km 곧게 뻗은 데펜사 거리(Calle Defenza)는 산 텔모 지구의 중심이다. 스페인 식민시대의 가옥들이 유물처럼 즐비하다. 옛 정취를 선호하는 여행자들에겐 딱 어울릴 만하겠다.

아르헨티나
부에노스아이레스 라보카 지구

아르헨티나 여행에선 두 인물을 기억하지 않을 수 없다. 영화 〈모터사이클 다이어리〉와 〈에비타〉의 남녀 주인공들이다. 둘에겐 닮은 점이 몇 가지 있다. 체 게바라와 에바 페론, 둘 다 아르헨티나 사람이면서 둘 다 30대 젊은 나이에 세상과 헤어졌다. 가난하고 약한 사람들 편에 서서 살았고, 죽음 뒤에는 많은 이들의 슬픔을 불러 모았다.

아르헨티나의 중산층 가정에서 태어난 체 게바라는 부에노스아이레스 의과대학에 재학 중이던 24세 때 중고 오토바이를 몰고 무전여행을 떠났다. 선배와 함께 8개월간 중남미대륙을 여행하면서 그는 자신의 인생 목표를 완전히 수정했다. 그리곤 의사로서의 편한 삶을 포기한 채 고향을 떠나 쿠바 혁명에 참여해 성공시켰다. 그리곤 또 다른 혁명을 꿈꾸며 볼리비아에서 교전 중 사망했다.

에바 페론은 아르헨티나 중부의 시골 마을에서 빈민 가정의 사생아로 태어났다. 어렵게 어린 시절을 보내다 15세 때 부에노스아이레스로 무작정 상경했다. 도시에서 천신만고 끝에 연예인으로 성공한 그녀는 25세 때 육군 장교 후안 페론을 만났고 결국엔 퍼스트레이디 자리까지 올랐다. 대통령과 함께 서민과 노동자를 위한 정책을 펴면서 국민적 성녀로 추앙받다가 33세에 암으로 사망하는, 극적인 삶을 살았다.

부에노스아이레스 여행자라면 대체로 한 번쯤은 '7월 9일 대로'는 걸어볼 것이고, 대로 옆 고층 건물 외벽에 보이는 두 개의 에바 페론 이미지를 인상 깊게 바라볼 것이다. 한 면은 그녀가 마이크 앞에서 연설하는 모습이요, 다른 한 면은 대중을 향해 미소 짓는 모습이다. 오벨리스코에서 대로 남쪽으로 1km 떨어진 위치의 건물이다. 구글 지도상으로는 '에비타 벽화'를 뜻하는 'Murales de Eva Peron'으로 위치 검색이 되지만, 벽화는 아니고 철 구조물이다.

은은한 색상의 네온사인 불빛을 함께 설치했기 때문에 낮보다는 어두운 밤시간에 그녀의 자태는 더욱더 도드라져 보인다. 죽기 1년 전인 1951년에 연방정부 청사였던 이 건물 발코니에서 그녀가 연설했던 장면을 형상화한 이미지라고 한다. 이 도시 여행자들은 꼭 만나게 되는 에비타, 에바 페론의 모습이다.

카미니토 거리

　대도시의 문화예술적 감성을 선호하는 여행자라면 부에노스아이레스에서 꼭 가보고 싶은 곳으로 라 보카(La Boca) 지구 항구 마을에 있는 카미니토 거리(Caminito)를 꼽을 것이다. 150m도 안 되는 이 짧은 거리와 주변 일대는 형형색색 화려한 색감의 미술 작품들로 들어찼다. 아름다운 벽화 거리다. 대부분 낡고 오래된 벽돌집과 양철 지붕들이지만 외벽과 주변의 그림과 조각품들은 미술 문외한이 보아도 한결같이 아름답고 세련된 작품들이다.

　이 지역은 19세기 말부터 이탈리아 등 유럽에서 이민 온 부두 노동자와 선원들이 모여 살던 빈민촌이었다. 이들은 쉬는 날이면 일터에서 쓰다 남은 선박용 페인트를 얻어와 자기 집과 주변에 색칠을 하고 그림을 그려봤다. 번화가로 나가 술 마시고 여흥을 즐길 돈과 여유가 없던 그들이었다. 휴일 하루 동안의 즐거운 소일거리로는 아주 적격이었다.

　이 주변에 그런 이들이 하나둘씩 늘어나면서 항구 마을 외벽들이 점점 울긋불긋 멋진 그림들로 채워져 갔다. 세월이 흘러 베니토 킨켈라 마르틴이라는 이 지역 미술가가 오랜 시간을 들여 거리를 다시 꾸미고 정비했다. 라 보카 지구가 오늘날 여행 명소로 만들어진 건 그의 정성과 노력 덕분이라고 한다.
　라플라타 강 앞 큰길에는 왼손을 주머니에 넣고 마을 쪽을 지긋이 바라보는 그의 동상(Escultura Benito Quinquela Martín)이 강을 등지고 서 있고, 정면으로는 그가 살았던 생가 건물이 베니토 킨켈라 마르틴 박물관(MBQM: Museo Benito Quinquela Martín)으로 현지인 및 여행자들의 사랑을 듬뿍 받고 있다. 카미니토 거리에선 탱고 거리 공연도 기대했는데 가는 날이 비 온 날이라 아쉬웠다.

　숙소로 돌아갔다가 저녁에 다시 도심으로 나섰다. 탱고 공연을 보기 위해서다. 상준 씨가 물색해서 결정한 장소로 갔다. 7월 9일 대로와 5월 광장 사이에 있는 카페 토르토니(Cafe Tortoni), 부에노스아이레스에서 가장 오래된 카페라고 한다. 숙소에서도 1km밖에 안 되는 가까운 거리였다. 1858년부터 영업했다고 입구 간판에 쓰여 있는 것처럼 실내는 160년 전통을 과시하듯 꽤나 고풍스런 분위기를 자아낸다.

저녁 식사를 마치고 지하 1층으로 자리를 옮겨 탱고 공연을 관람했다. 50석이 안 되는 아담한 공연장이다. '네 다리의 예술'이라는 탱고, 한 쌍 또는 두세 쌍이 교대하며 이어지는 남녀 혼성 댄서들의 몸동작은 현란 그 자체였다.

19세기 말에서 20세기 초로 넘어오는 시대에 부에노스아이레스에는 유럽으로부터 3백만이 넘는 이민자들이 몰려왔다고 한다. 대서양에 면한 항구 지역인 이곳 라 보카 일대는 이민자들이 배에서 내리자마자 눌러앉기 편한 곳이었기에 점차 선원과 부두 노동자들로 넘쳐났다. 머나먼 타향으로 홀로 떠나온 남자들이다. 낮에는 땀과 먼지에 절은 옷을 입고 힘든 부두 노역을 하지만 밤만 되면 말끔한 양복으로 갈아입는다. 휘파람 불며 머리에 기름 바르곤 밤거리로 나가 술을 마시고 여인을 만나 탱고 춤을 추곤 하였다.

남자들에 비해 여자들 숫자가 턱없이 부족했던 당시의 이곳에서 남성다움을 뽐내고 여성에게 선택받기 위해선 탱고를 잘 추는 게 비장의 무기였나 보다. 그 당시 밤거리의 이 지역 남녀들을 떠올리며

카페 토르토니

공연에 젖다 보니 카페 토르토니 무대를 50분간 누비는 댄서들의 모습에서 짙은 애환이 느껴진다.

무대 정면 한 켠에는 탱고의 황제라는 이의 사진도 걸려 있다. 아르헨티나 국민 가수로 통하는 카를로스 가르델(Carlos Gardel), 이 도시에서는 자주 접하는 사진이다. 영화 〈여인의 향기〉에서 알 파치노가 소녀와 함께 추는 탱고 속 음악 '포르 우나 카베사(Por Una Cabeza)'가 바로 카를로스 가르델의 1930년대 원곡이었음도 새롭게 알았다.

나중에 생각이 났지만 영화 〈해피 투게더〉에서 양조위가 호객꾼으로 취직했던 탱고 카페 '바 수르(Bar Sur)'도 멀지 않은 곳에 있었다. 조금 더 움직여 산 텔모 지구로 내려갔더라면 더 좋았을 텐데, 이 도시를 떠난 후에야 영화 속 탱고 카페 장면이 떠올랐다.

숙소로 돌아가는 길에 7월 9일 대로를 건너며 다시 에바 페론과 조우했다. 고층 빌딩 벽면의 이미지라 어두운 하늘에 떠 있는 듯 아름다운 형상이다. 마이크 앞에서 눈 질끈 감고 있는 자태는 마치 슬픈 노래를 열창하다가 자신의 죽음을 예감하며 울컥하는 모습처럼 보였다.

'Don't cry for me Argentina. The truth is I never left you.....
(날 위해 울지 말아요 아르헨티나. 난 결코 당신을 떠난 적이 없답니다)'

Murales de Eva Peron

아르헨티나
파타고니아 엘 칼라파테와 엘 찰텐

　지표면을 이루는 10여 개 판 중 태평양판과 유라시아판이 충돌해 히말라야 산맥이 생겨났듯, 남미 안데스 산맥은 오래전 태평양판과 남미대륙판이 충돌해 생겨났다. 남미 북단 베네수엘라에서 시작되는 안데스는 남쪽 멀리 파타고니아의 마젤란 해협까지 뻗어 내려오며 대륙의 등뼈를 이룬다. 높이로는 히말라야에 못 미치지만 길이로는 세계 최장이다.
　파타고니아는 남미대륙 맨 아래 지역을 일컫는다. 남위 38도에서 최남단 꼭짓점까지, 남북 직선거리 2,000km에, 동서 평균 폭 400km

정도다. 종단 길이는 길쭉하고 횡단 폭은 매우 좁은 모양새다. 그 좁은 폭 지역을 안데스 산맥이 뻗어 내려와 동서로 가르며 아르헨티나와 칠레의 국경을 이룬다. 한반도 5배 넓이의 파타고니아에서 남미 여행자들이 주로 향하

는 관문 도시는 두 곳, 아르헨티나의 엘 칼라파테와 칠레의 푸에르토 나탈레스다. 우리는 오늘 파타고니아로 간다.

아침 6시에 출발하는 엘 칼라파테행 비행기에 올랐다. 남미 오기 전 예약해 둔 항공권이다. 부에노스아이레스 공항을 이륙하자마자 5인 모두 곯아떨어졌다. 새벽 3시에 기상하느라 모자란 잠은 하늘을 나는 세 시간 동안 충분히 보충됐다.

엘 칼라파테 국제공항에 내리자마자 다음 행선지를 위한 정보가 필요했다. 공항 대합실에 붙어 있는 지역 간 거리 정보가 도움이 됐다. 엘 칼라파테 도심까지는 23km, 모레노 빙하까지는 78km, 엘 찰텐까지는 220km로 표기돼 있다. 오늘 하루의 최종 목표는 엘 찰텐 마을까지 어둡기 전에 도착하는 것이다.

공항은 한적했다. 택시를 잡아탔다. 엘 칼라파테 버스터미널까지 기사가 400페소를 요구했고 우리는 승낙했다. 20분 남짓 가는 거리인데 우리 돈 3만 원이면 꽤 비싼 편이다. 택시 1대에 다섯이 탔으니

바가지 좀 씌웠을 거라고 수긍할 수밖에 없었다.

엘 칼라파테에서 엘 찰텐 가는 버스는 아침, 점심, 저녁, 하루 세 번 있었다. 그중 오후 1시 버스를 예약했다. 남아 있는 세 시간 동안 엘 칼라파테 도심을 훑어보며 점심까지 먹고 오기로 했다. 버스터미널 로커에 배낭 등 일체를 맡겨두고 다시 택시를 탔다. 걸어갈 만한 거리였지만 시간을 절약하기 위해서다.

엘 칼라파테는 거대 빙하호 아르헨티노 호수(Lago Argentino)를 끼고 있는 자그마한 도시다. 서쪽으로 칠레와 접경이지만 안데스 산맥의 빙하 지대라 건널 수 없고, 칠레로 가기 위해선 남쪽으로 수백 킬로미터 이어지는 한 갈래 길이나 항공편밖에 없다. 워낙 오지였지

만 모레노 빙하가 유명해지면서 인근에 국제공항도 생겼고, 근래에는 우리 같은 피츠로이 세로토레 트레킹족들도 늘어나고 있다.

호수 남쪽에서 도시를 가로지르는 11번 도로를 따라 1km 안팎에 주요 상가들이 밀집돼 있다. 꽤나 단조로운 도시다. 성수 씨와 상준 씨가 핸드폰을 뒤져 검색한 도롯가 레스토랑으로 따라 들어갔다. 큼직한 화로의 장작불 위에서 간접 열로 고기를 굽는 모습이 쇼윈도를 통해 잘 보이는 식당이다.

아침을 굶은 상태라 모두의 침샘이 저절로 열렸다. 아르헨티나 전통 바비큐인 양고기 아사도(asado)를 와인과 함께 포식하고, 다시 터미널로 향했다. 예약해 둔 1시 버스에 올랐고 엘 찰텐까지는 3시간 반 걸린다고 한다.

라 레오나 휴게소 앞 이정표

　　버스 안에서 바라보는 바깥 풍경은 실로 단조롭고 황량하다. 안데스 산맥 동쪽의 파타고니아를 특징짓는 메마른 땅, 집 한 채 안 보이고 나무 한 그루도 없는 그야말로 쓸쓸한 광야의 풍경이다. 아르헨티나 남단 칠레 국경에서 북단 볼리비아 국경까지 수천 킬로미터를 종단하는 40번 국도 위를 달린다. 출발한 지 한 시간 반쯤 지나 좁은 샛길로 빠지던 버스가 이윽고 멈춰 섰다. 빨간 지붕이 유독 예쁘게 서 있는 건물 앞이다. 멀리 하얀 설산과 불모의 광야밖에 안 보이는 이곳에서 30분 쉬어 간다고 한다.

　　버스 뒤편에서 라 레오나 강(Rio La Leona)이 빙하 녹은 물을 유유히 실어 나르고 있다. 건물 지붕에는 'Hotel La Leona'라는 글씨가 큼지막하게 쓰여 있지만 휴게소 역할도 하는가 보다. 버스에서 내린 승객들이 높다랗게 세워진 이정표 앞으로 우르르 모여들며 올려다본다. 세계 14개국을 대표하는 도시들까지의 거리가 표기되어 있다. 지구 반대편인 도쿄까지가 가장 먼 21,041km, 그다음이 서울까지 17,931km다. 가장 가까운 거리는 오늘 새벽에 우리가 떠나온 부에노스아이레스까지 2,677km다.

부치 캐시디의 현상수배 전단지

휴게소 내부 한쪽 벽에는 어디선가 본 듯한 전단지 한 장이 눈길을 끈다. 폴 뉴먼과 로버트 레드포드 주연 영화 〈내일을 향해 쏴라〉의 실존 인물 두 사람 중 한 명인 부치 캐시디의 현상수배 전단지다. 미국을 탈출한 그들은 볼리비아에서 사살되기 직전까지 한동안 이곳 파타고니아에 숨어 살았다고 한다. 액자에 고이 모셔진 전단지는 100년 세월을 증명하듯 누렇게 변색돼 있어 아련한 분위기를 자아낸다. '사살 또는 생포 시 현상금 $4,000'이란 문구가 그 옛날 한 갱스터의 목숨 값어치를 말해주고 있다. 역시 세상의 끝이자 오지 중 오지인 이곳 파타고니아는 사회의 이목을 벗어나고픈 범죄자나 은둔자들의 도피처였는가 보다.

다시 버스에 올라 남은 두 시간을 달렸다. 조금 전 휴게소 벽면에서 봤던 멋진 바위산 사진과 똑같은 구도의 정경이 차창 밖으로 펼쳐졌다. 우리가 트레킹할 피츠로이 세로토레, 두 개의 명산에 점점 가까워지고 있다.

아르헨티나
피츠로이 트레킹

아침 식사는 한국에서 공수해 온 누룽지로 해치웠다. 고교 후배 김상섭 군이 챙겨줘서 두 봉지를 가져왔는데 우리 다섯이 대여섯 번은 족히 더 먹을 분량이다. 고추장을 살짝 풀었더니 담백하고 고소했다. 일행 모두 아침 한끼로 든든한 듯 만족스러운 표정들이다.

어제는 오후 5시에 엘 찰텐(El Chalten)에 도착했다. 칠레 국경에 면한 조그마한 오지 마을이다. 예약해 둔 숙소 란초그란데(Rancho Grande) 호스텔까지 1.2km를 고즈넉하게 걸어왔다. 안데스 산맥 빙하 지대에 한층 가까워진 탓인지 엘 칼라파테보다는 공기 기운이 한층 차가웠다.

막내 성수 씨가 예약해 둔 호스텔은 어제 체크인할 때 첫 느낌도 좋았고, 지난밤 잠자리도 편했다. 가성비 역시 최고다. 오늘 밤까지 1박 더 하고 내일 오후 6시 버스로 떠날 예정이다. 2박 3일 동안 오늘은 피츠로이 트레킹, 내일은 세로토레 트레킹을 다녀오는 것이다. 엘 찰텐 마을로 오는 여행자들 대부분이 우리와 비슷한 일정들일 것이다.

간편 차림으로 7시 반에 길을 나섰다. 바위산 피츠로이의 중턱인 해발 1,180m의 로스트레스 호수(Laguna de los Tres)까지 올라갔다가 돌아오는 것이 오늘 하루의 목표 일과다. 이곳 엘 찰텐 마을이 해발 400m이니 고도 차는 800m에 가깝고, 왕복 거리는 21km다.

어제 버스에서 내려 걸었던 23번 도로를 잠시 걷다가 이정표 따라 비포장길로 들어섰다. 양쪽 나무 기둥 위 표지판에 'Sendero Al Fitz Roy' 글씨가 선명하다. '피츠로이 트레킹 코스' 입구임을 알려주고 있다.

피츠로이 전망대

　　잠시 후 만나는 코스 안내판은 친절도 하다. 부엘타스 전망대까지 700m, 피츠로이 전망대까지 4km, 포인세노트 캠핑장까지 8km, 그리고 목적지인 로스트레스 호수까지 10.2km 등 지금부터 거쳐 갈 경유지들에 대한 위치 정보를 자세히 알려주고 있다. '코스 이탈하지 말고 정규 루트만 걸어 달라'는 당부의 문구도 마음에 쓸어 담았다.

　　안내 정보 그대로 부엘타스 전망대가 나타났다. 무슨 정자 따위 시설물이 있는 전망대가 아닌 그저 탁 트인 공간일 뿐이다. 북쪽 산악지대의 빙하 녹은 물을 남쪽 비에드마 호수까지 열심히 실어 나르는 부엘타스 강(Río de las Vueltas)이 설산들을 배경으로 구불구불 이어지고 있다.

　　오르막 숲길이지만 대체로 완만하다. 삼거리가 나왔지만 이정표

가 알려주듯 어느 쪽으로 가든 결국은 다시 만난다. 하산할 때는 왼쪽 카프리 호수 쪽으로 오기로 하고 오른쪽 길을 택했고 잠시 후 피츠로이 전망대(Mirador del Fitz Roy) 앞에 섰다. 어제 버스 속에서 그림처럼 보였던 바위산들이 웅장한 자태를 드러내는 첫 현장이다.

  좌우에 포인세노트(Poincenot 3,002m)와 메르모스(Mermoz 2,732m) 봉우리들을 거느린 채 뾰족한 피츠로이(Fitz Roy 3,405m)가 군계일학처럼 솟아나 있다. 한 무더기의 구름이 봉우리 주변을 감싸며 신비감을 준다. 몇 시간 후 우리가 호수 정상에 이를 때쯤이면 저 구름들이 완전히 걷혀 주길 바라는 간절한 마음으로 전망대를 지났다.

  거친 너덜길과 푹신한 흙길이 교대로 이어졌다. 여전히 가파르지는 않고 완만한 오르막이다. '8km de 10'이라 쓰인 팻말은 10km 중 8km 왔다는 뜻이겠다. 입구에서 만난 안내 표기대로 포인세노트 캠핑장이다.

맑은 연둣빛 블랑코 강(Rio Blanco) 앞에서 잠시 주변을 둘러보다 두 손 가득 강물을 담아 한입에 들이마셨다. 땀을 많이 흘린 탓이겠지만 빙하수 맛에는 특별한 청량감이 느껴졌다. 강가 팻말에 쓰인 영어 안내문 때문이기도 했을 것이다.

'이 강물은 음료수로 가능하다. 단, 씻을 때는 물을 떠서 최소 서른 발자국은 떨어진 곳에서!'

캠핑장을 벗어나기 전 다시 강가에서 물 한 모금을 더 마셨다. 생수병도 꺼내어 조금 남아 있던 물을 비우고 빙하수로 가득 채워 담았다.

한 번에 한 사람만 건너라는 팻말을 보며 리오블랑코 나무 다리(Puente Río Blanco)를 건넜다. 악전고투를 감내해야 하는 시간이 왔다. 피츠로이 트레일의 정상에 오르는 마지막 한 시간 동안은 오랜 세월 비바람에 침식되고 으깨진 바위투성이 너덜길을 지난다.

워낙 가파른 1km 구간을 오르며 파타고니아가 왜 '바람의 땅'인지를 온몸으로 실감했다. 이마에 송골송골 맺힌 땀방울들이 바위 위로 떨어질 틈도 없이 거센 바람에 맞아 으깨지며 공중으로 흩날려진다.

오후 1시 10분에 피츠로이 트레일의 정상인 로스트레스 호수 앞에 섰다. 다섯 시간 반이 넘게 걸렸다. 마지막 구간 외에는 그다지 힘든 코스는 아니었는데 쉬엄쉬엄 걷느라 많이 늦어졌다. 일행들과는 각자 페이스대로 오르내린 후 숙소에서 만나는 걸로 하고 중간에 헤어졌었다.

호수 앞은 2,000m 이상을 수직으로 치솟은 피츠로이 봉을 바로 앞에서 마주하는 지점이다. 아쉽게도 봉우리는 몇 시간 전 전망대에서 본 것처럼 여전히 구름모자를 쓰고 있다. 주변 수많은 트레커들의 시선이 봉우리를 향해 있으면서 모두 아쉬워하는 표정들이다.

우리 등뒤로는 파타고니아 아르헨티나 쪽 풍경이 파노라마처럼 장관을 이룬다. 로스트레스 호수는 꽁꽁 얼어서 온통 흰 눈으로 덮여 있다. 반면에 아래쪽 수시아 호수(Laguna Sucia)는 전혀 얼지 않고 연두색 아름다운 물빛을 과시하고 있다. 해발이 200여m 낮고 더군다나 움푹 파인 구조가 바람막이 역할을 한 때문인 듯하다.

수시아 호수가 내려다보이는 곳으로 옮겨 큼직한 바위 옆에 자리를 잡았다. 너덜바위 투성이지만 큼직한 바위 하나가 바람막이 구실을 해줘 안락한 공간이 되었다. 작은 배낭 속에서 바나나와 빵과 요

로스트레스 호수

수시아 호수

　거트를 펼쳐 놓았다. 남미의 11월은 낮시간이 긴 여름철이다. 올라온 코스 거의 그대로 내려가면 된다. 시간도 충분하다. 하산에 대한 부담은 별로 없고 마음도 그저 편안해졌다.

　사람들 웅성거림 소리에 잠이 깼다. 시계를 보니 3시가 가까워지고 있다. 한 손엔 반쯤 먹은 바나나가 들려 있다. 먹다가 잠이 들어 1시간 반 가까이 지난 것이다. 아쉽게도 피츠로이는 여전히 구름모자를 쓰고 있다. 이 지역 옛사람들이 피츠로이 봉을 '연기 내뿜는 산'으로 불렀다는 말이 비로소 이해가 된다.
　주변에 널브러진 것들을 주섬주섬 챙겨 작은 배낭에 넣고 서둘러 일어섰다. 급경사 너덜길에선 잔설이 많아 미끄러짐에 특히 주의해야 했다. 캠핑장으로 내려선 이후부터는 올라올 때와 마찬가지로 쉽고 편안했다. 삼거리에서는 전망대 쪽이 아닌 반대편 카프리 호수를 거치는 길로 우회했다. 커플 한 쌍이 호숫가에 편안히 누워 있는 모습도 평화로웠고, 우회 코스 자체도 새롭고 좋았다.

  6시가 조금 못 되어 숙소에 도착했다. 아침에 출발한 후 10시간이 조금 넘게 걸렸다. 물론 중간에 두어 번 쉬고, 정상에서 잠든 시간 제외하면 순수하게 트레킹만으론 일곱 시간 정도 걸린 셈이다. 일행들은 모두 먼저 도착해 있었고, 북에서 온 이산가족 상봉하듯 나를 반겼다. 도중에 분명 제일 먼저 앞서갔는데 여태 돌아오지 않으니 혹시 사고 난 건 아닌지 당연한 걱정들을 했던 모양이다. 정상에서 한 시간 반 곯아떨어졌다는 말을 하면서 일행들에게 많이 미안해졌다.

♣ **피츠로이 트렉 (왕복 21km) :**

  엘 찰텐(El Chalten, 400m) - 4.3km

→ 피츠로이 전망대(Mirador del Fitz Roy, 730m) - 4km

→ 포인세노트 캠핑장(Campamento Poincenot, 720m) - 0.7km

→ 리오블랑코 캠핑장(Campamento Rio Blanco, 760m) - 1.5km

→ 정상 로스트레스 호수(Laguna de los Tres, 1180m) - 1.5km

→ 리오블랑코 캠핑장 - 0.7km

→ 포인세노트 캠핑장 - 4.5km

→ 카프리 호수(Laguna Capri, 760m) - 3.8km

→ 엘 찰텐

아르헨티나
세로토레 트레킹

엊저녁은 상준 씨가 거하게 한턱 쏘았다. 그럴 일이 있다고만 하며 자세한 이야기는 안 했다. 사업 관련해서 그제와 어제 사이에 뭔가 좋은 아이템이 원하는 쪽으로 성사가 된 모양이다. 각자 샤워를 마치고 상준 씨가 예약한 인근 레스토랑으로 이동했다. 갈 때는 깔끔하고 멀쩡했지만 10시쯤 숙소로 돌아올 때는 모두가 대취해 있었다. 남미 와서 일주일이 넘어가지만 5인이 함께하는 저녁 자리는 매번 즐거운 파티나 다름없다.

오늘 아침은 9시 15분에 숙소를 나섰다. 어제보단 두 시간 가까이 늦은 출발이다. 아침 식사는 어제처럼 누룽지에 고추장 듬뿍 풀어 모두 함께 해장국처럼 속풀이를 했지만, 숙소는 나 혼자만 나섰다. 일행들은 산길 걷는 건 어제 하루로 만족하는 눈치들이다. 오늘 하루는 이곳 엘 찰텐 마을을 여기저기 누비며 느긋이 즐기고 싶다는 거였다. 출국 전 서로 약속했듯 원할 때 각자 취향대로 자유롭게 움직이면 된다. 그리곤 적정 시간에 '따로 또 같이' 뭉치면 되는 것이다.

오늘 출발은 어제와 반대 방향이다. 어제 피츠로이 트레일 입구는 엘 찰텐 마을 북쪽 끝에 있었지만, 오늘 세로토레로 가는 길은 마을 남서쪽으로 들어서야 한다. 숙소에서 400m 떨어진 레스토랑 '라 세르베세리아(La Cerveceria)'를 지났다. 엊저녁 주문한 여러 음식들 중에서도 피자가 특히 맛있는 집이었다.

와인에 여러 브랜드의 맥주에 상준 씨 지갑이 꽤나 가벼워졌을 것

레스토랑 라 세르베세리아

이다. 실내 인테리어건 밖에서 보이는 모습이건 참으로 근사한 레스토랑이었는데 아침에 보이는 외관은 너무 썰렁하고 실망스럽다. 찬란한 라스베이거스 야경을 정신줄 놓고 즐기다 햇살 비치는 아침에 일어나 뜨거운 사막 도시를 내려다보는 느낌이다.

'토레 호수(Laguna Torre)로 가는 길 입구(Inicio Sendero)까지 500m'라고 쓰인 큼직한 팻말을 끼고 23번 도로와 헤어졌다. 비포장 길로 바뀌었다. 오늘은 이 일대에서 피츠로이와 쌍벽을 이루는 세로토레 봉 앞에 있는 토레 호수까지 다녀오는 여정이다. 호수 해발이 630m니까 고도 차 200m만 오르내리면 된다. 이름하여 '세로토레 트레킹' 혹은 '토레 호수 트레킹'이다. 어제의 피츠로이 트레킹보다는 훨씬 수월한 코스다.

완만한 오르막 언덕에 올라 트레일 입구에 섰다. '토레 호수 트레

엘 찰텐 마을

일(Senda a Laguna Torre)'이라 쓰인 입간판이 청명한 하늘을 배경으로 근사해 보인다. 숙소 나올 때 대흠 씨가 오늘 비 예보 있다면서 걱정하는 표정이었는데 기우인 듯하다. 아직까지 하늘은 맑기만 하다. 언덕 아래로 엘 찰텐 마을 가옥들이 오밀조밀 모여 있는 모습도 정겹다.

숲길 따라 십여 분 들어선 곳에서 어제 아침과 같은 형태의 코스 안내판을 만났다. 세로토레 전망대까지 2.5km, 아고스티니 전망대까지 8km, 토레 호수까지 9km 등 경유지별 거리 정보가 역시나 친절하게 표기되어 있다. 엘 찰텐 마을에서 안내판 있는 이곳까지 온 거리와 호수 앞 도착 후 마에스트리 전망대까지 다녀오는 거리를 감안하면 오늘 걷는 총거리는 24km가 될 것이다.

마르가리타 폭포 전망대(Mirador Cascada Margarita)를 지나며 피츠로이 강과 만났다. 곧이어 세로토레 전망대(Mirador del Cerro

Torre)에선 아직은 멀지만 웅장한 세로토레와 정면으로 마주했다. 파타고니아 최고봉인 피츠로이와 5km 거리에서 쌍벽을 이루는 바위산이다. 두 산이 인접한 일대는 칠레와 아르헨티나 간 국경 분쟁 때문에 구글 지도에는 국경 표시도 안 돼 있다.

오르막이 끝나면서 한동안 숲속 평지가 계속됐다. 고원지대가 아님에도 주변 초목들은 바싹 말라가는 듯 도무지 생기가 없다. 호수에 다가갈수록 고사목들도 눈에 띄게 늘어났다. 파타고니아의 바람이 언제 몰고 왔는지 갑자기 검은 구름이 주변을 휩싸며 빗방울을 쏟아내기 시작했다. 역시 대흠 씨의 비 예고가 맞는가 보다. 배낭을 벗어 우비를 꺼내 입었다. 아고스티니 캠핑장(Campamento de Agostini)을 지나 잠깐의 오르막 뒤에 이윽고 토레 호수가 발아래 펼쳐졌다. 숙소를 출발한 지 4시간 만이다.

호수 너머 거대한 빙하 뒤로 뾰족뾰족 송곳처럼 솟아오른 고봉들이 열 지어 서 있다. 왼쪽에 가장 높은 봉우리가 그동안 사진으로 익히 보아온 세로토레(Cerro Torre 3,128m)다. 뾰족하게 송곳니처럼 솟아오른 자태가 지구상에서 가장 오르기 힘든 첨봉尖峰 중 하나임이 실감되고도 남는다.

산 아래 호수 맞은편까지 내려온 그란데 빙하는 금방이라도 거대한 얼음 절벽을 허물어트리며 호수를 덮을 듯 거대하다. 첨봉들과 빙하와 호수가 어우러진 장관인데, 굵어지는 빗방울과 거센 바람 때문인지 주변 몇 안 되는 트레커들은 얼른 돌아갈 채비를 서두르는 듯하다.

잠깐 고민하다가 호숫가 오른쪽으로 능선 언덕으로 올라섰다. 여

세로토레

그란데 빙하

기까지 와서 하이라이트 지점을 빼먹고 갈 수는 없는 것이다. 빙하 바로 앞 마에스트리 전망대까지 올라가는 구간은 암석과 바위 부스러기들로만 이뤄진 완벽한 너덜길이었다. 파타고니아의 바람은 어제의 피츠로이 이상으로 거셌다. 온몸을 90도로 숙인 채 거센 비바람에 맞서 한 걸음 한 걸음 나아갔다. 빙하 호수로의 추락 위험에도 극도로 신경을 써야 했다.

 토레 호수의 동북단 빙하 앞까지 2.5km 거리를 한 시간을 걸려 겨우 도착했다. 오늘 세로토레 트레일의 최종 목적지인 해발 800m의 마에스트리 전망대(Mirador Maestri)다. 전망대 아래까지 차가운 혀를 늘어뜨린 그란데 빙하(Glaciar Grande)가 절벽처럼 수직으로 깎여 있어 보기만 해도 으스스한 느낌이다. 약해진 빗줄기 속에서 주변 모습 몇 장을 서둘러 카메라에 담았다. '추락 위험' 경고문 팻말을

뒤로 하고 하산을 시작했다. 숙제를 마친 아이의 심정이 되었다. 발걸음은 한결 가벼워졌다. 하산길은 올라온 그대로 돌아가면 된다.

 가랑비를 맞으며 쉼 없이 걸어 4시 45분에 겨우 숙소에 도착했다. 일행들은 역시 날 기다리며 초긴장 상태에 있었다. 아침 나갈 때의 약속보다 1시간이나 늦었으니 그동안

모두 노심초사할 만했다. 예약해 둔 버스를 놓치면 오늘 하루 일정에 차질을 빚기 때문이다. 씻는 둥 마는 둥 짐 챙겨 5시 30분에 엘 칼라파테행 버스에 겨우 올랐다. 엘 찰텐 마을에서의 2박 3일은 이렇게 촘촘한 일정으로 허겁지겁 마치고 떠난다.

그저께 오후에 왔던 길 그대로 돌아가는 버스는 예정대로 밤 9시에 엘 칼라파테 터미널에 우리를 내려줬다. 아직 오늘 숙소는 예약을 못 한 상태다. 나와 두 사람은 터미널에서 짐 지키며 기다리고, 성수 씨와 상준 씨 둘만 나가 인근 호스텔을 물색하곤 30분 만에 돌아왔다.

이틀 밤 묵을 숙소에 짐 풀고 나니 10시 반, 모두가 허기져 있었다. 저녁 식사 한 끼를 해결해 줄 어딘가를 찾아 무조건 숙소를 나왔다. 거리의 상가들은 거의 문 닫는 분위기다. 불 켜진 한 군데 카페로 우르르 밀고 들어갔다. 손님 없어 11시에 문 닫을 예정이었지만 충분히 시간을 주겠다고 한다. 다섯 모두의 마음이 사르르 녹아내렸다.

♣ **세로토레 트렉 (왕복 24km) :**

    엘 찰텐(El Chalten, 400m) – 3.5km
→ 세로토레 전망대(Mirador del Cerro Torre, 510m) – 5.5km
→ 아코스티니 야영장(Campamento de Agostini, 610m) – 0.5km
→ 토레 호수(Laguna Torre, 630m) – 2.5km
→ 마에스트리 전망대(Mirador Maestri, 790m) – 12km
→ 엘 찰텐

⑩ 아르헨티나
페리토 모레노 빙하

 어젯밤 늦게까지 있었던 카페는 록음악을 좋아하는 대흠 씨와 내 취향엔 딱 맞는 곳이었다. 사방 벽면이 록 뮤지션들 사진으로 도배된 음악 카페였고 홀 구석엔 드럼까지 구비돼 있었다. 실내에 쓰여 있던 '푸에블로 치코(Pueblo Chico)'란 글씨가 상호였던 것 같다.
 레스토랑이 아닌 만큼 식사 메뉴는 제한적이었지만 모두들 허기진 상태였다. 무엇을 먹든 메뉴는 중요하지 않았다. 영기 씨가 판단해서 몇 가지 주문했고 결과적으로 모두가 만족스러웠다. 식사와 함께 곁들인 와인 몇 잔에 금세 활기를 되찾았다.

낮에 내가 세로토레 트레킹 다녀온 무용담과 네 사람이 엘 찰텐 마을을 즐긴 이야기들이 수다스럽게 오고 갔다. 대흠 씨는 여주인과 친구처럼 말을 걸며 음악이 끊기지 않도록 희망곡 신청을 이어갔다. 핑크 플로이드, 콜드 플레이, 지미 핸드릭스 음악들이 연이어 흘러나오며 우리만 있는 홀 분위기를 유려하게 고조시켰다. 마지막에 서비스로 나온 데킬라 한 잔씩을 기분 좋게 비우고 12시 반에 카페를 나왔다.

오늘 하루는 모레노 빙하를 만나는 날이다. 이곳 파타고니아 관광 상품의 꽃, 정확하게는 페리토 모레노 빙하(Glaciar Perito Moreno)다. 더불어 아르헨티나에서 보낼 마지막 날이기도 하다. 호스텔 주방에 구비된 토스트와 시리얼로 아침 식사를 마치고 서둘러 숙소를 나섰다. 3일 전 누볐던 엘 칼라파데 중심 거리를 따라 걷다 'Chalten Travel'란 간판을 보고 들어갔다. 버스터미널 내부에서도 간판을 보앉았다. 이 지역에선 꽤 유명한 여행사인 듯했다.

협상에 능한 상준 씨와 재무 담당 성수 씨가 나서서 모레노 빙하 투어를 문의했고, 우리 셋은 모든 결정을 둘에게 맡기고 뒷전에 앉았다. 몇 가지 아이템 중 1인당 총금액 18만 원 수준인 투어 상품으로 결정이 되었다. 전망대 투어와 보트 투어 그리고 빙하 미니 트레킹, 이렇게 3가지 아이템을 연계한 상품이고, 영어 가이드가 5시간 동안 따라붙는 조건이다.

여행사 봉고차가 오후 1시 좀 못 되어 모레노 빙하 주차장까지 우리를 태워 갔다. 엘 칼라파테에서 70km 거리다. 아르헨티노 호숫가를 횡단하는 11번 도로를 따라 한 시간 가까이 달려왔다. 주차장에 도착하기 얼마 전, 남쪽 전망대(Mirador De Los Suspiros)에 잠시 차를 세워준 덕택에 거대 빙하와의 첫 대면은 마친 뒤였다.

빙하 냄새가 그런 건지 형언할 수 없는 자연의 향기가 코끝을 간지른다. 주차장 앞 건물의 넓은 휴게소는 빼빽하게 들어찬 여행자들로 시끌벅적했다. 긴 줄을 서서 간단한 음식을 주문한 후 서둘러 식사를 마치고 전망대 투어를 시작했다.

마젤란 반도로 불리는 이곳은 맞은편 모레노 빙하가 오랜 세월에 걸쳐 반도를 향해 조금씩 밀려와 거의 부딪히면서 아르헨티노 호수를 남북으로 갈라놓았다. 전망대 투어는 5개의 편안한 탐방로를 걸으며 빙하가 잘 보이는 위치의 4개 전망대 발코니를 거치는 여정이다.

안내 지도에 색깔로 표기된 대로 옐로우(중앙), 블루(해안), 그린(숲길), 레드(저지대), 화이트(휠체어) 5개 탐방로가 중앙(Primer) 발코니, 제2(Segundo) 발코니, 저지대(Inferior) 발코니, 북쪽(Norte) 발코니 등을 연결하고 있다. 각 위치마다 각기 다른 각도에서 빙하의 여러 모습들을 보여준다.

남극에 근접한 이 일대는 로스 글라시아레스 국립공원, 이름 자체가 '빙하(Los Glaciares) 국립공원'이다. 안데스 만년설이 녹아내린 2개의 빙하 호수와 47개 빙하들이 공원을 구성한다. 그들 중에서 주인공은 단연 모레노 빙하다. 길이 30km에 달하는 이 거대한 얼음덩어리를 보려고 오늘도 이처럼 세계 각지의 사람들이 몰려와 빙하 주변을 누비고 있다.

5개 탐방로 중 옐로우(중앙)와 레드(저지대) 코스를 돌며 1시간 동안의 전망대 투어를 마쳤으니 이제 보트 투어에 나설 차례다. 가이드

가 이끄는 대로 주차장으로 옮겨 승합차에 올랐다. 오전에 왔던 도로를 거슬러 달리다 5분 뒤, 아르헨티노 호수의 동생 격인 브라소 리코(Brazo Rico) 호숫가에 우리를 내려줬다. 원래는 하나의 호수였다. 모레노 빙하가 마젤란 반도에 부딪혀 오는 바람에 남북으로 쪼개진, 남쪽의 동생 호수다. 북쪽의 드넓은 아르헨티노 호수보다 물 색깔이 훨씬 탁한 느낌이다.

　브라소 리코 호숫가의 솜브라스 선착장(Puerto Bajo las Sombras)에서 아담한 크루즈선에 올랐다. 빙하에 점점 다가갈수록 여기저기서 승객들 탄성이 터져나왔다. 전망대 투어에선 빙하 전체 모습을 다양한 각도로 볼 수 있었다면, 1시간 소요되는 보트 투어에선 70m 높이의 빙하 규모를 바로 인접해 실감할 수 있었다. 빙하 절벽이 드러내 보이는 다양한 색상들이 각기 섬세하게 차이가 나는 것도 이색적

이었다. 운 좋으면 빙하 절벽 일부가 천둥 같은 굉음과 함께 무너져 내리는 장관을 만날 수도 있다고 들었지만 우리에겐 그런 기회까지는 주어지지 않았다.

모레노 빙하는 아르헨티노 호수를 향하여 수천 년 세월 동안 미세하게 이동해왔다. 현재도 진행형, 매년 백여 미터씩 전진 중이라 한다. 호수를 점령해 들어가는 만큼 또한 매일 조금씩 소멸해간다. 하루에도 여러 번 굉음을 내며 빙하 절벽이 무너져 내리고, 유빙으로 호수를 떠돌다가 결국은 호숫물에 녹아들며 수명을 다하는 것이다. 그러나 소멸해가는 만큼 빙하는 계속 더 생성되고 있다. 애초에 이 빙하를 탄생시킨 기원인 안데스 산맥이 소멸되지 않는 한 계속 그럴 것이다.

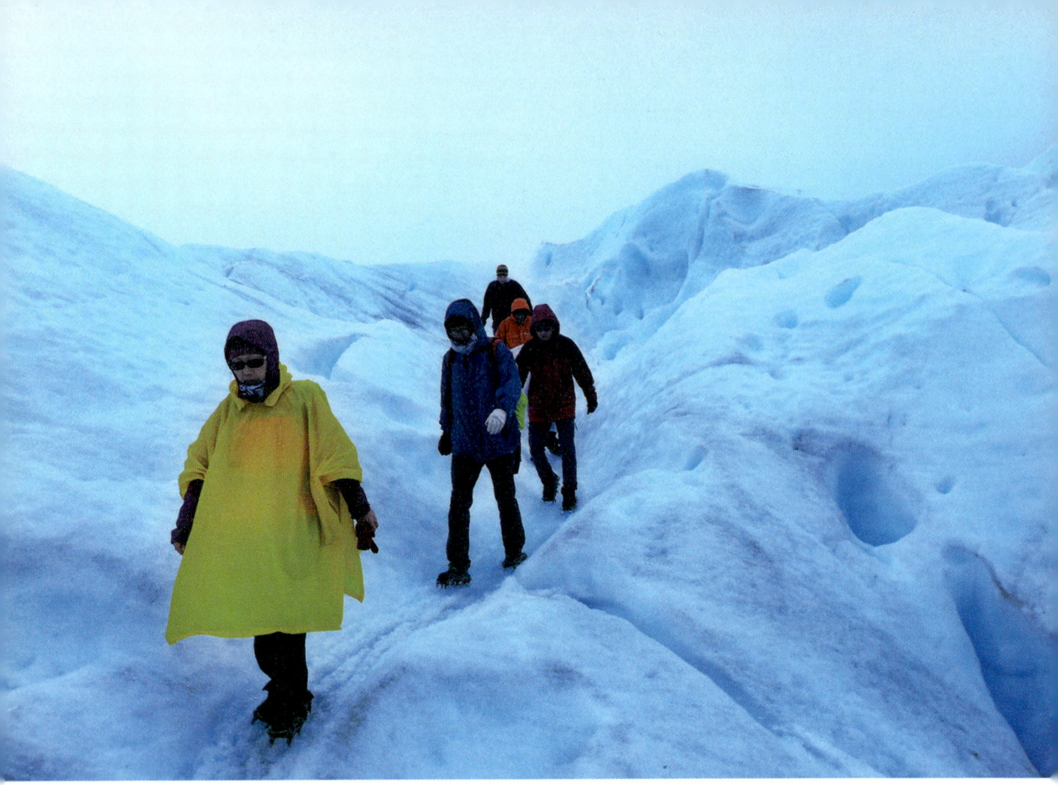

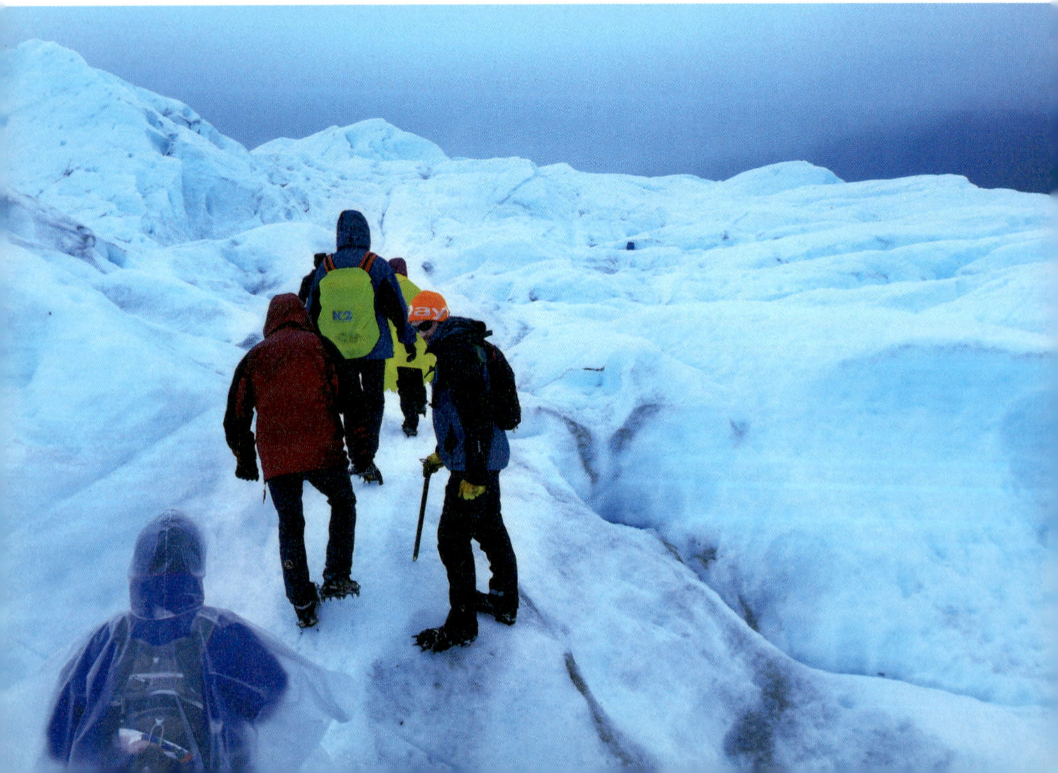

크루즈선이 서쪽 호숫가에 정박하며 우리를 내려줬다. 지금까지는 눈으로만 봐왔지만 앞으로 1시간 반 동안은 빙하를 직접 밟아보는 시간이다. 절차에 따라 가이드의 빙하 해설을 듣고는 빙벽용 아이젠을 착용한 뒤 십여 명 패키지팀이 함께 빙하 트레킹에 나섰다.

짧은 미니 트레킹이었지만 일반 설산 등반에서는 접할 수 없는 신비로운 세계와 만나는 여정이었다. 전문 산악인이 아닌 일반인들이라면 사진으로만 볼 수밖에 없었던 크고 작은 크레바스들이 도처에 따리를 틀고 있었다.

영롱한 에메랄드 비취빛을 발하며 유혹하지만 한번 빠져들면 순식간에 삼켜질 듯 오싹한 느낌이었다. 남극이나 그린랜드까지 가지 않고도 간편한 방법으로 거대 빙하 위를 두 발로 밟아볼 수 있다는 게 모레노 빙하 미니 트레킹의 매력이었다.

트레킹이 끝나는 지점에선 위스키 온 더 락과 초콜릿 한 조각이 기다리고 있었다. 독한 위스키를 순화시켜주는 글라스 속 얼음 조각이 살아 움직이는 듯싶었다. 거대한 빙하의 세포 알갱이로 오랜 세월을 버텨온 생명체였을 것이다. 우리 땅 지구의 장구한 역사와 함께했던 하루였다.

Chile

칠레

칠레
아르헨티나에서 칠레 국경 넘어

지구의 자전이 계속되는 한 이곳 파타고니아 지역엔 1년 365일 편서풍만 분다. 남태평양의 습한 대기가 동쪽으로만 휩쓸려 불다가 안데스 산맥에 가로막혀 급상승하면서 급랭되고는 눈과 비로 변하여 내린 후 얼어붙는다. 이들이 녹는 속도보다 그 위로 눈비 내려 다시 얼어붙는 속도가 빠르다 보니 지금과 같은 거대 빙하로 불어났다. 안데스 산맥이 생긴 이래 수천만 년 동안 반복돼 온 일상이다.

그러나 근래 언젠가부터 상황은 급변하고 있다. 지구 대기는 예전과 달리 점점 더 뜨거워지고 있다. 미래의 빙하 운명도 예전과는 다를 것이다. 빙하의 생성 속도보다 소멸 속도가 빨라질 수밖에 없다. 모레노 빙하의 수명은 앞으로 반세기 정도라는 전망이 지배적이다. 매일 조금씩 노화되다가 50년 후에는 완전히 사라질 운명인 것이다. 예전의 젊음을 잃어가며 주름이 늘고 초라해질 모레노 빙하의 미래를 상상해본다. 어제 하루 동안 아직은 젊고 찬란한 자태의 모레노 빙하와 대면할 수 있었다. 얼마나 큰 복인가? 우리의 남미 여행은 하루하루가 축제와도 같다.

11월 14일 토요일, 우리를 태운 버스는 새벽 5시에 엘 칼라파테 터미널을 출발했다. 아르헨티노 호수와 점점 멀어지다가 40번 국도를 달리기 시작한다. 아르헨티나 남단과 북단을 잇는 종단 도로, 며칠 전 엘 찰텐에 가고 올 때 이용했었지만 방향은 그때와 정반대다. 잠시 잠들었는지 옆자리 대흠 씨가 깨워서 일어났다. 아르헨티나 출국 심사 때문에 내려야 한단다. 구글 지도에는 '기예르모 강 국경 검문소(Paso Río Don Guillermo)'로 표기되어 있다.

버스 앞에 서 있는 기사에게 '화장실이 급한데 어디냐'고 물었다. '그런 거 없다'는 뜻인지 고개를 저어 웃으며 버스 뒤로 나를 안내한다. 망을 봐주겠다는 걸로 믿고 멀리 벌판을 바라보며 시원하게 일 처리를 했다.

검문소 건물 앞에 줄지어 선 승객들 뒤에 이어 섰다. 주변에는 관리들 사옥인지 녹색 지붕에 흰색 건물들이 깔끔한 자태로 서 있다. 출국 심사는 초간단했다. 내 차례가 되어 여권 보여주니 보는 둥 마는 둥 곧바로 돌려준다.

등지고 나오다 무심코 카메라를 들고 실내 모습을 두 장 찍었다. 구석에 서 있던 공안 요원이 얼른 다가오더니 뭐라고 떠든다. 삭제하라는 뜻인가 보다. 나도 모르게 습관처럼 카메라 셔터에 손이 갔을 뿐이다. 당황한 내가 과도하게 굽신거리며 한 장을 삭제 처리하자 그는 돌아갔다. 국경에서 공안에게 붙들려가는 영화 속 장면들을 떠올리며 식겁한 순간이었다.

버스를 타고 십여 분, 황량한 초원을 달리다가 이번엔 칠레 입국 심사를 위해 내렸다. 구글 지도에는 '세로 카스티요 국경 검문소(Control Fronterizo Cerro Castillo)'로 표기되어 있다. 버스 짐칸 배낭들을 모두 꺼내 들고 입국 서류 한 장씩 작성하곤 검색대 앞에 줄지어 섰다.

마약 검시견이 우리 앞쪽에 있던 할머니 가방에 코를 킁킁거리며 꼬리를 막 흔들어댄다. 공안 요원이 할머니를 줄 옆으로 안내하며 가

방을 열라는 손짓을 한다. 주변 이목이 집중되고 조금 전의 나처럼 당황한 할머니가 주섬주섬 가방 내용물을 들춰낸다. 반쯤 먹다 남은 빵 조각이 할머니 손에 들리고 공안에 이끌린 마약 탐지견이 빵 달라는 듯 난리를 친다. '설마 이 할머니가?' 의심했던 주변 사람들이 박장대소를 터트리며 상황은 끝이 났다. 아마도 막 교육받고 현장에 투입된 초짜 마약 탐지견이었는가 보다.

엘 칼라파테를 출발한 지 7시간 만인 낮 12시, 칠레 파타고니아의 관문 도시 푸에르토 나탈레스(Puerto Natales)에 도착했다. 두 번의 검문소에서의 1시간을 빼도 250km를 달려온 시간으로는 꽤 많이 걸렸다. 숙소를 잡는 게 급선무였다. 버스터미널(Terminal Rodoviario)을 나와 중심가 쪽으로 걸었다. 숙소 간판들은 많이 보였다. 좀 더 번화한 쪽으로 이동하며 두 군데 들렀지만 주말이라 그런지 만실이란

다. 조금 외곽으로 빠진 세 번째 호스텔 돈데키케(Hostal Donde Kike)에 다행히 여유가 있었다. 8인실에 대충 짐 풀어놓고 서둘러 나왔다.

아침도 못 먹고 떠나온 터라 모두 허기져 있었다. 거리에 보이는 첫 레스토랑으로 들어갔다. 앉자마자 5인 모두 비프스테이크를 주문했다. 내일 만나볼 토레스 델 파이네 봉우리 사진이 벽에 근사하게 걸려 있어 음식에 대한 기대감도 커졌다.

잠시 후 나온 음식은 남미 와서 먹은 중 최악이었다. 미디엄 스테이크가 마치 소가죽처럼 질겨서 도대체 씹히질 않는다. 상준 씨가 매니저를 불러 거세게 항의하자 원한다면 새것으로 다시 구워 오겠다고 한다. 소심하고 위장 작은 나만 괜찮다며 그냥 먹고 네 사람 것은 다시 내왔다. 처음보다 조금 낫기는 했지만 역시 질기다는 중론이다. 비프스테이크는 역시 아르헨티나가 최고였음을 모두가 실감하는 점심 자리였다.

식당을 나와 'Patagonia Tour Operador' 간판이 붙은 여행사로 들어섰다. 내일부터 시작될 3박 4일 토레스 델 파이네 트레킹 관련 현지 정보를 알아내야 했다. 여행사 직원은 아주 친절하고 소상하게 설명해줬다. 핵심은 3박에 대한 숙소 예약이었다. 코스 내에 숙소가 몇 군데 안 되기 때문에 만실인 경우가 많다는 것이다. 숙소 예약에 대해선 다른 데로 가봐야 한다며 인근 여행사를 소개해 줬다.

십여 분 후 다른 여행사 '판타스티코 수르(Fantastico Sur)'를 찾아 들어갔다. 여성 직원 혼자 있는 작은 사무실이었다. 우리가 온다는 전화를 받았다며 현지 숙박과 식사 관계를 친절하게 설명해준다. 내일 첫날은 예약 가능한데, 모레는 만실이라 그 인근에 신설된 텐트형 숙소만 예약이 가능하단다. 3일째 숙소 역시 만실이라 현지 가서 캠핑장 텐트 대여하는 방법밖에 없다고 한다.

나 포함 셋은 직원의 제안대로 일단 되는 것만 예약을 하고 인당 38만원 상당의 달러를 지불했다. 대흠 씨와 성수 씨는 야생에 대한 도전 의식이 솟구쳤는지 3박 4일 내내 대여 캠핑 장비를 짊어지고 다니며 야영을 하기로 했다. 내 기준으로는 참으로 대단한 도전이다.

모든 계획을 세팅하고 가랑비 내리는 거리로 나왔다. 원래 저녁 식사는 마트에서 식재료 사다가 호스텔 주방에서 조리해 먹기로 했었지만 모두가 귀찮아져서 사 먹고 들어가는 걸로 했다. 중국 레스토랑이 보여 들어갔고, 최악의 점심과는 대비되는 최고의 저녁 식사가 되었다. 칠레 파타고니아에서의 첫날 하루가 이렇게 지나간다.

⑫ 칠레
토레스 델 파이네 1일, 라스토레스 전망대

　5시 반에 일어나 떠날 채비를 서둘렀다. 숙소 '돈데끼케' 호스텔은 마음에 쏙 들었다. 주인장이 아주 친절하고 와이파이도 잘 터지고 시설도 깔끔했다. 트레킹에 불필요한 짐 일부를 맡겨두고 3박 후 4일째 되는 날 저녁에 돌아와 1박을 더할 예정이다. 대흠 씨와 성수 씨는 어제 여행사에서 캠핑 장비를 대여해 왔기 때문에 나머지 우리 셋보다는 배낭 부피가 훨씬 커졌다.

　어제 낮에 내렸던 버스터미널까지는 1km가 조금 못 되는 거리다. 허름한 가옥들이 즐비했다. 한적한 도로를 따라 우리 다섯이 열 지어

토레스 델 파이네 국립공원 입구

걸었다. 폼들로만 봐서는 완전 무장한 소수 특공대가 특수 작전에 투입되는 모양새다.

  일요일 아침 7시 50분 버스에 올랐다. 어제 오전 엘 칼라파테에서 올 때 탔던 9번 도로를 역으로 60km 달린다. 그리곤 작은 도로로 들어선 뒤 50km를 더 달리니 종착지인 아마르가 호수(Porteria Laguna Amarga) 앞에 도착했다. 토레스 델 파이네 국립공원(Parque Nacional Torres del Paine) 입구다. 두 시간이 조금 넘게 걸렸다.

  건물 앞 긴 줄에 이어 섰다가 간단한 입산 신고서 한 장 써내며 35,000원 수준의 입장료를 지불했다. 20여 명 들어선 비디오룸에서 산불 예방 등 국립공원 생활 수칙을 10분간 교육받았다. 이어서 리무진 버스로 갈아타고 15분 후 나를 포함한 3인은 오늘 숙소인 토레 산장(Refugio Torre Central) 앞 정류장에 내렸다. 숙소 대신 야영을 택한 두 사람은 트레킹 코스 출발점인 1km 앞까지 한 구간을 더 간 후 내릴 것이었다.

토레 산장 대형 유리창에는 맞은편 눈 덮인 바위산과 그 뒤로 뾰족한 바위산들이 근사한 모습으로 투영되고 있다. 어제 예약이 다 된 상태이므로 간단한 체크인만으로 다인실 침대를 배정받았다. 큰 배낭은 침대 밑에 두고 작은 배낭에 방한용 옷가지와 비상식량 약간을 집어넣어 산장을 나섰다. 시간은 11시 20분, 어둡기 전까지 왕복 20km를 다녀오면 될 것이다. 충분히 여유가 있다. 돌발 변수만 없도록 특별히 주의하고 조심하면 된다.

잠시 후 우리가 묵는 토레 산장과는 격이 달라 보이는 라스토레스 호텔 앞에 잠시 멈췄다. 숙소에서 1km 거리인 이 지점이 바로 토레스 델 파이네 W코스의 출발점이다. 우리가 3박 4일간 걸을 코스의 모양이 알파벳 W자를 그대로 닮았다. 오늘 첫날은 이곳 해발 150m인 출발점에서 토레스 델 파이네 3개 봉우리 앞에 있는 해발 880m의 라스토레스 전망대까지 다녀오는 여정이다. W자의 오른쪽 날개 한 줄을 오르고 내려오는 왕복 코스다.

두 번째의 빙하천 출렁다리를 건너자 삼거리가 나타났다. 기다란 나무막대를 세운 돌무덤이 있어 그 위에 두 개의 화살표 이정표가 소담스럽게 놓여있다. '쿠에르노스(Cuernos)'라고 쓰인 직선 방향은 내일 가야 할 길이고, 오늘은 '칠레노(Chileno)' 방향으로 들어섰다. 본격적인 오르막이 시작되었다. 숙소 앞에서 살짝 보였던 오늘의 목표, 토레스 델 파이네 세 개의 봉우리 중 두 개는 거대한 설산에 가려져 이젠 자취를 감췄다.

　잠시 멈춰 뒤돌아 앉으니 산 아래 파타고니아 정경이 한 폭의 수채화 같다. 어제 오후 내내 비가 내렸고 오늘은 아침부터 하늘 맑은 덕택이다. 가까이는 칠레 땅이고 그 너머의 광활한 대지는 전부 아르헨티나 영역이다. 남미대륙 맨 아래 좁은 폭 지역을 두 나라가 저렇게 1대 2 넓이로 나눠 갖고 있다. 구글어스 지도로 이 부분을 내려다보면 두 지역의 지형 차이가 너무도 극단적으로 대비됨을 알 수 있다. 지구상에서 흔치 않은 경우일 것이다.

　오르막은 계속 이어졌다. 간편 차림의 우리나 큰 배낭을 멘 야영족들이나 흘리는 땀의 양과 힘들게 느끼는 정도는 비슷할 것이리라. 앞과 뒤로 이어지는 트레커들 중 3분의 2는 우리처럼 가벼운 차림이다. 당일치기로 코스 정상까지 올라갔다가 내려오는 같은 여정일 것

이다. 나머지 3분의 1은 한결같이 자기 키만큼의 큰 배낭을 짊어지고 있다. 대흠 씨와 성수 씨처럼 잠시 후 만날 칠레노 캠핑장에서 야영을 즐길 기대로 한껏 부풀어 있을 것이다. 두 마리의 말을 끌고 지나는 이들도 여행자라고 잠깐 생각했는데 코스 중간에 보니 '오르기 힘들면 말 타고 가라'는 호객 팻말이 서 있다.

    드디어 기다리던 내리막이 시작되었다. 그러나 만만치 않은 지형이다. 가파른 경사 중턱으로 가느다란 길이 한 줄 그어져 있다. 주변은 풀 한 포기 없는 화산재 토양이다. 군데군데 설치된 '미끄러질 위험 주의' 표지인 'Danger! Slippery' 팻말이 아니더라도 긴장감이 급증되는 구간이다. 왼쪽으로부터의 혹시 모를 낙석에 신경이 쓰이고, 강풍에 몸의 중심을 잃기라도 하면 오른쪽 계곡 아래로 단번에 추락할 수도 있겠다.

그리고 만난 칠레노 산장(Refugio Chileno)은 캠핑장을 겸하는 숙박 시설이었다. 정상까지 거리의 절반쯤 되는 지점으로, 지나는 이들에겐 차 한 잔 마시며 쉬어 갈 수 있는 정겨운 휴게소 역할도 해준다.

앗센시오 강(Rio Ascencio)을 따라 이어지던 편안한 숲길이 끝나며 가파른 바윗길이 이어졌다. 맞은편에서 구급대원 대여섯이 환자 한 명을 들것에 싣고 급히 내려오고 있다. 곧이어 굉음이 울리며 헬기 한 대가 주변 평지에 내려와 앉는다. 들것엔 얼굴이 새하얗게 변한 트레커가 눈감고 누워 있다. 자신의 몸 상태를 벗어난 무리한 산행이었는가 보다.

나 자신의 안전 산행을 새삼 기원하듯 심호흡 크게 반복하며 한 발, 한 발 산을 올랐다. 이곳부터 정상까지는 고도 차 300m를 가파르게 오르는 하이라이트 구간이다. 출발할 때 잠깐 보았던 토레스 중앙봉이 다시 살짝 자태를 드러냈다. 눈 덮인 돌덩어리들을 헤집고 오르는 가파른 너덜길에 마지막 남은 땀방울을 쏟아낼 즈음 드디어 호수가 있는 라스토레스 전망대 앞에 올라섰다. 시간은 오후 3시 5분, 숙소 출발해서 10km를 올라오는 데 거의 4시간이 걸렸다.

연두색 빙하 호수가 발아래 잔잔히 깔려 있고, 흰 눈에 쌓인 주변 여기저기엔 먼저 온 트레커들이 두 팔을 벌리거나 노래를 부르거나 혼자 묵상하면서 각자 나름의 감상을 발산하고 있다. 모두의 시선을 빼앗는 쪽은 역시 호수가 아니다. 바로 이곳의 주인공인 토레스 델 파이네 3개 봉우리다. 가운데 우뚝 솟은 중앙봉이 한자 '山'처럼 좌우로 남봉과 북봉을 거느리는 모양새다. 언젠가 보았던 판타지 영화 속 풍광을 연상케 한다. 사진으로는 익히 봐 왔고, 오래전부터 동경해왔던 바로 그 자리에 오늘 내가 이렇게 서 있다.

♣ **1일차 (20km) :**
　라스토레스 산장(Refugio Las Torres, 150m) − 1km
→ 라스토레스 파타고니아 호텔(Hotel Las Torres Patagonia) − 4.2km
→ 칠레노 산장(Refugio Chileno, 409m) − 1.2km
→ 토레스 캠핑장(Campamento Torres, 570m) − 3.6km
→ 라스토레스 전망대(Mirador Las Torres, 880m) − 10km
→ 라스토레스 산장

토레스 델 파이네 3개 봉

⑬ 칠레
토레스 델 파이네 2일, 쿠에르노스

　제주도 면적만큼이나 넓은 토레스 델 파이네 국립공원에는 3개의 거대한 바위산이 기다란 산맥을 이루며 열 지어 서 있다. W트랙 이동 순서대로 첫째가 토레스 델 파이네 3개 봉, 둘째가 쿠에르노스 델 파이네(Cuernos del Paine) 3개 봉 그리고 셋째가 파이네 그란데(Cerro Paine Grande) 1개 봉이다. 모두 7개 봉우리로 이뤄진 이들 3개의 바위산이 이 국립공원 전체의 야생적 이미지를 대변해주고 있다.
　높이로는 파이네 그란데가 2,884m로 가장 높지만, 대표격으로는 어제 만난 토레스 델 파이네를 꼽아야 할 것이다. 산 이름이 국립공원 이름으로 되었기 때문이다. 어제 눈으로 확인했듯 하나의 산이 3개의 봉우리를 가지고 있어서, 방향에 따라 북봉(Torre Norte), 중앙봉(Torre Central), 남봉(Torre Sur)으로 불린다. 산이라기보다는 뾰족하게 솟은 거탑들처럼 보이기에 붙여진 이름일 것이다. 스페인어 '토레(torre)'는 '탑'을, 이 지역 토속어 '파이네(paine)'는 '파란색' 또는 '창백한 모습'을 뜻한다고 한다.

며칠 전 만난 피츠로이와 세로토레 봉우리들도 마찬가지였듯 날카롭게 수직으로 솟아오른 그 형상 때문에 눈이 쌓일 여건도 안 되고, 파타고니아의 거센 바람이 눈 내리는 족족 허공으로 날려버리고 있을지도 모른다. 언제나 갈색의 화강암을 알몸 그대로 보여줄 수밖에 없는 발가벗은 민둥산, 그래서 이 지역 옛 원주민들에겐 '창백한 모습'으로 보였을지 모른다. '토레스 델 파이네'를 구태여 의역해보면 '창백한 세 개의 거탑'쯤으로 풀이될 수도 있겠다.

어제는 예정대로 하산해서 저녁 6시 반에 산장에 도착했다. 손빨래 몇 개 하고 셋이서 와인 한 병에 저녁 식사 마치고 10시에 잠자리에 들어 푹 잤다. 와이파이를 30분에 10불 지불하고 샀는데 잘 터지지 않아 살짝 짜증이 났다. 카운터에 가서 뭐라 항의하기도 귀찮아 그대로 잤다.

알파벳 W자 모양을 따라가는 토레스 델 파이네 W트랙은 총거리 50km지만 세 번의 왕복 구간을 감안하면 실제 트레킹 거리는 79km가 된다. 3박 4일 중 이틀째인 오늘은 가장 쉽고 편안한 구간이다.

이곳 토레 산장에서 오늘 예약된 숙소인 도모스 프란세스까지 15km만 가면 된다. 무엇보다도 오르막 내리막이 전혀 없는, 전 구간 평지라는 것이 마음을 풀어지게 한다.

오전 내내 산장 안팎을 빈둥거리다 12시 40분에 길을 나섰다. 영기 씨와 상준 씨는 더 있다가 점심까지 먹고 천천히 뒤따라오기로 했다. 산장 출발 후 라스토레스 호텔을 지나고 빙하천 출렁다리 두 개를 건너 삼거리까지 가는 초기 1km는 어제와 똑같았다. 오른쪽 칠레노 방향 오르막을 향했던 어제와 달리 오늘은 직진 방향으로 들어섰다. 쿠에르노스로 가는 외길이다.

잡초만 무성한 벌판에 한 줄기 오솔길이 구불구불 이어지고, 그 위를 십여 명의 트레커들이 띄엄띄엄 간격을 유지하며 나아가고 있다. 사방 멀리는 설산들이 둘러쌌지만 가까운 주변은 나무 한 그루도 없이 시야가 탁 트였다. 약간의 오르막 내리막만 있는 대초원이 한동안 이어진다.

우측으로 나타난 이름 모를 호숫가에 잠깐 자리를 잡고 앉았다. 숙소에서 포장해 준 샌드위치와 견과와 음료를 펼쳐 놓았다. 신선이 된 기분으로 여유롭게 점심 한 끼를 즐겼다. 파타고니아의 청정한 하늘 아래 멀리 병풍처럼 늘어선 하얀 설산들, 가까이 호수를 둘러싼 야트막한 녹색 언덕들, 그리고 호숫가 주변에 흐드러지게 피어난 빨간 들꽃들이 제각각 자신들을 뽐내며 멋진 앙상블을 이루고 있다.

잠시 후 오솔길 왼편으로 모습을 드러낸 두 번째 호수는 아까 점심 먹을 때와는 그 규모가 차원을 달리한다. 색상 또한 찬란하다. 맑은

노르덴스크홀드 호수

연두색 물감을 호수면에 잔뜩 풀어놓은 모양새다. 처음 이곳을 발견해 유럽에 알린 스웨덴 사람 이름을 호수 이름으로 삼았다고 한다. 폭 1.5km에 길이 15km 정도인 길쭉한 모양새의 노르덴스크홀드 호수(Lago Nordenskjold)다. 호수 바로 앞에는 쿠에르노스 델 파이네 3개 봉우리가 솟아있다. 이들 설산에서 녹아내리는 빙하수를 1년 365일 받아들이기에 호숫물 색깔이 저리도 찬란한 연두빛을 발하는 것이다.

  오솔길 한 켠 나무 팻말에 새겨진 문구가 지나는 이들의 이목을 끈다. '화장지 버리지 말아주세요(Toilet Paper take it with you)'. 이곳의 청정 자연 유지를 위해 도와달라는 안내 글들이 어제오늘 자주 눈에 띈다. 쿠에르노스 봉우리 아래로 여러 채의 작은 집들이 반갑게 시야에 들어온다. 호숫가 산기슭 아늑한 위치다. 잠시 오르막 산길을

쿠에르노스 산장

지나 쿠에르노스 산장에 도착했다. 카페 안과 발코니 난간에 수십 명의 트레커들이 드러눕거나 앉아 있는 등 자유롭게 널브러져 있다. 활기차고 정겨운 분위기다. 원래는 이곳에 숙박하고 싶었으나 그저께 예약할 때 이미 만실이었다.

　잠시 쉬고 다시 배낭을 둘러맸다. 차선으로 예약한 숙소까지 3km를 더 가야 한다. 시간이 오후 5시, 혹시 모르니 서두르는 게 좋겠다. 산장을 나서고 잠시 후 다시 호숫가에 이르렀다. 드넓은 호수 주변은 백사장이 아닌 정겨운 몽돌로 뒤덮여 있다. 신발 벗고 잠시 맨발로 걷는다. 발바닥으로 전해져 오는 그 몽글몽글한 감촉이 산뜻해서 에너지가 보충되는 느낌이다. 이 호수의 색감은 연둣빛이란 표현만으론 아쉬움이 있다. 비취색이나 에메랄드빛을 합한 표현 정도가 어울리겠다.

도모스 프란세스 산장

오후 6시 좀 넘어 도착한 산장 도모스 프란세스(Domos Frances)는 새로 생긴 숙박 시설인 만큼 전체적으로 깔끔했다. 건축물이 아닌 돔 형태의 가설물, 몽골 가옥 게르(Ger)와 같은 대형 천막집이었음에도 꽤나 운치 있고 럭셔리해 보였다. 이름으로 치면 '프란세스 계곡 아래의 돔 형 산장' 정도로 해석될 수 있겠다.

오늘 코스는 전에 어느 트레커 후기에서 본 대로 '호숫가를 걷는 편한 길'로만 알고 만만하게 생각했었다. 종반부에는 산길과 해안 바윗길이 오르내림을 반복하는 구간이었다. 결코 만만한 코스는 아니었다. '기대와 현실은 반비례'하는 경우도 많다는 사실을 다시 확인하는 하루였다.

♣ 2일차 (15km) :

    라스토레스 산장 − 1km

→ 라스토레스 파타고니아 호텔(Hotel Las Torres Patagonia) − 11km

→ 쿠에르노스 산장(Refugio Cuernos, 78m) − 3km

→ 도모스 프란세스(Domos Frances, 90m)

14
칠레
토레스 델 파이네 3일, 브리타니코 전망대

 간밤 잠자리는 편안했다. 텐트형이라 살짝 밤 추위를 걱정하기도 했지만 숙소 내부는 알찼다. 바람 소리가 세찬 호숫가임에도 실내 방풍과 보온은 완벽했다. 8인실 각 침대마다 개별 스탠드가 걸려 있는 것 또한 마음에 들었다. 침대에 누워 잠들기 전에 옆 침대 신경 안 쓰고 자기만의 불을 켜고 뭔가를 할 수 있다는 건 다인실 숙소에서는 흔치 않은 장점이다.
 바깥 날씨는 맑은 듯하다. 슬리핑백을 살포시 정리하고 배낭 꾸려 오늘 출격할 준비를 마쳤다. 위 칸 침대의 독일인은 여전히 곯아떨어

져 있다. 어제 숙소 카페에서 많이 마셨는지 밤늦게 취해 들어와선 눕자마자 우렁차게 코를 골기 시작했다. 옆 침대 몇 사람이 불만스럽게 궁시렁거렸지만 취해 잠든 이에게 들릴 리 만무했다. 도미토리 숙소에서는 흔히 있는 일, 자장가처럼 들으며 감수해야만 한다.

그나저나 오늘 숙소가 예약이 안 되어 있는 게 계속 찜찜하다. 화장실 가서 제대로 안 닦고 나온 느낌이지만 현장에 도착 전까진 어쩔 도리가 없다. 엊저녁 다시 확인해 봤으나 다인실 침대도 풀부킹이고 캠핑장 텐트도 다 찼다고 했다. 현지에 가서 부딪혀보는 수밖에 도리가 없다. 내 개인 침낭이 있으니 얼어 죽는 일은 없을 것이다.

토스트 두 조각과 계란 스크램블로 아침을 먹고 혼자 먼저 숙소를 나섰다. 시간은 8시 30분이다. 오늘은 어제보다 난이도가 좀 더 있는 코스다. W자의 가운데에 해당하는 프란세스 계곡(Valle del Frances)을 거슬러 해발 750m의 브리타니코 전망대(Mirador Britanico)까지 올라갔다가 내려온다. 그리곤 평지를 걸어 숙소인 파이네 그란데 산장(Refugio Paine Grande)까지, 총거리 21km에 9시간 정도 예상하고 있다. 늦어도 6시까지는 숙소에 도착할 것이다. 비록 아직 예약은 안 된 숙소지만.

40분 후 이탈리아노 캠핑장(Campamento Italiano)에 도착했다. 여기서 야영했던 이들은 분주히 움직이는 중이고, 나처럼 잠시 들른 이들은 현장 사무실 앞에 배낭을 내려놓고 그냥 떠나려 하고 있다. 전망대까지 올라갔다가 다시 이곳으로 내려올 것이기에 홀가분하게

이탈리아노
캠핑장

오르려는 모양이다. 그래도 여긴 남미인데 괜찮을까? 20여 개 배낭들이 주인 없이 일렬로 늘어서 있는 걸로 보아선 다들 그렇게 하는 모양이다. 돌아올 때까지 나의 큰 배낭이 무사히 잘 있기를 바라며 나 또한 작은 배낭에 지갑과 여권만 챙긴 홀가분한 차림으로 캠핑장을 나섰다.

오늘 서너 시간 동안 프란세스 계곡과 함께하는 루트는 W자의 가운데 부분이라기보다는 뫼 산(山)자의 가운데 한 줄기를 올라갔다가 같은 길로 내려오는 코스다. 캠핑장에서 2km 올라간 위치엔 프란세스 빙하 전망대(Mirador Glaciar del Frances)가 있었다. 전망대라고 무슨 시설이 있는 건 아니었다. 전망대 팻말 주변으로 여러 트레커들이 모여 왼쪽 파이네 그란데를 올려다보고 있을 뿐이다. 산봉우리에서부터 중턱까지 뻗어 내려온 빙하의 모습이 장관을 이루고 있다.

　빙하 오른쪽으로는 쿠에르노스 델 파이네(Cuernos del Paine) 3개 봉우리 중 두 개가 특이한 자태를 보여준다. 첫날 정상 호숫가에 올라 토레스 델 파이네 세 개 봉우리 앞에 맞닥뜨렸을 때보다 훨씬 더 낯설고 이국적인 모습이다.

　쿠에르노스 델 파이네도 토레스 델 파이네와 마찬가지로 삼형제 봉우리다. 이름도 비슷하다. 한쪽이 '창백한(paine) 세 개의 거탑(torres)'인 대신에 이쪽은 '창백한(paine) 세 개의 뿔(cuernos)'이다. 코뿔소의 뿔(cuerno)을 닮았다 해서 '쿠에르노스'란 이름이 붙었다.

　눈앞에 나타난 두 개 봉우리는 쿠에르노스 델 파이네의 북봉(Cuerno Norte)과 중앙봉(Cuerno Principal)이다. 어제 노르덴스크홀드 호숫가를 거닐 때 자태를 드러냈던 동쪽봉(Cuerno Este)은 이 위치에서는 중앙봉에 가려 보이질 않는다.

　나중에 이곳 토레스 델 파이네 트레킹을 추억할 때이면, 첫날의 토레스 델 파이네 3개 봉우리보다는 셋째 날인 오늘의 쿠에르노스 두 개 봉우리가 더 먼저 떠오를 수도 있겠다.

　온통 바위투성이인 너덜길을 올라 브리타니코 전망대에 도착했다. 시간은 12시 반, 숙소에서 나선 지 4시간 만이다. 중간에 'This Way' 화살표 안내판을 못 보고 지나치곤 엉뚱한 길로 들어섰다가 나중에 깨닫고 돌아오는 바람에 30분 정도 지체되었다.
　표지판을 놓친 사람이 나 말고 미국에서 온 한국인 여학생과 이탈리아 남성까지 있어서 셋이 함께 의논한 덕에 더 늦어지지 않았다. 그나마 다행이었다. 되돌아오는 중간에 '추락 주의' 등 위험 표지 팻말들이 긴장을 고조시키기도 하였다.
　원래 이 코스의 정상은 프란세스 계곡 전망대(Mirador Valle del Frances, 970m)였는가 보다. 정상까지 1km를 남겨둔 이곳 브리타니코 전망대 앞에 더 이상 올라가지 못한다는 길 폐쇄 안내 팻말이 서 있다. 일정 기한을 두고 또는 드물게는 영구적으로, 자연보호를 위해 특정 구간을 폐쇄하는 경우는 가끔씩 있는 일이다.
　계곡의 양쪽을 마주보며 서 있는 두 개의 바위산, 파이네 그란데와 쿠에르노스 델 파이네는 그 외형이 극적으로 대비된다. 파이네 그란데의 동쪽 벽은 거대한 프란세스 빙하로 뒤덮였지만 맞은편 쿠에르노스의 서쪽 벽은 눈이나 빙하 따위가 전혀 보이지 않는 민둥산의 모습이다. 파타고니아 지역의 일상적인 편서풍 때문일 것이다. 어쨌든 브리타니코 전망대에서 보여지는 두 바위산의 극단적인 대비와

쿠에르노스 델 파이네 북봉과 중앙봉

이국적인 풍경이 세계의 트레커들로 하여금 이곳 프란세스 계곡을 오래 기억나도록 만들 것 같다.

30분 동안 정상에 머물다 하산을 시작했다. 올라온 길을 그대로 내려가 이탈리아노 캠핑장까지는 2시간 만에 도착했다. 중간에 은연 중 염려했던 내 배낭은 역시 그 자리에 잘 있었다. 오늘 잠자리가 가능할지 어쩔지 모르는 파이네 그란데 산장까지는 7.5km 남았다. 이제부터는 완만한 내리막일 테니 두 시간이면 도착할 것이다.

프란세스 강(Rio Frances)을 건너며 프란세스 계곡과 헤어졌다. 편안한 흙길이 한동안 이어졌다. 계곡을 오르내리며 여섯 시간 동안 너덜길에 시달린 발바닥이다. 푹신한 감촉이 전달되는 때문인지 온몸이 짜릿하게 충만되는 느낌이다. 쿠에르노스 델 파이네는 가까운 거리였던 브리타니코 전망대에서보다는 오히려 거리가 멀어질수록 그 자태가 더 아름답게 변하고 있다. 두 개의 봉우리를 자꾸만 뒤돌

파이네 그란데 캠핑장

아보느라 걸음이 늦어지곤 하였다.

아담한 스콧츠베르그 호수(Lago Skottsberg)를 지나고 잠시 후 거대한 페오에 호수(Lago Pehoe)와 대면했다. 작은 나무다리 너머에 반가운 얼굴이 마중나와 있다. 아침에 숙소에서 헤어진 영기 씨가 웃으며 나를 맞았다. 그 뒤로 드넓은 캠핑장과 파이네 그란데 산장 건물까지 나를 반기고 있다. 9시간 동안 수고했던 육신에 기분 좋은 전류가 흐르며 온몸이 사르르 녹아내린다.

♣ 3일차 (21km) :

   도모스 프란세스 - 2.5km
- → 이탈리아노 캠핑장(Campamento Italiano, 190m) - 2km
- → 프란세스 빙하 전망대(Mirador Glaciar del Frances, 475m) - 3.5km
- → 브리타니코 전망대(Mirador Britanico, 750m) - 5.5km
- → 이탈리아노 캠핑장(Campamento Italiano, 190m) - 5km
- → 스콧츠버그 호수 전망대(Mirador Lago Skottsberg, 150m) - 2.5km
  - ᆞ 파이네그란데 산장(Refugio Paine Grande, 45m)

칠레

토레스 델 파이네 4일, 그레이 빙하

페오에 호수를 끼고 있는 파이네 그란데 산장(Refugio Paine Grande)은 토레스 델 파이네 W트랙의 종착점이자 역방향 시작점이기도 하다. 쿠에르노스 두 개 봉우리가 근사하게 보이는 위치이면서 접근성까지 좋아 도보 여행자뿐 아니라 일반 여행자들에게도 인기가 많다. 때문에 우리처럼 4일 전에 알아봤어도 숙박 예약이 안 되는 경우가 허다한 모양이다.

오늘 잠자리를 내내 걱정하면서 왔지만 다행히 잘 준비되어 있었다. 영기 씨와 함께 몇 시간 전에 도착한 상준 씨가 능숙한 영어로 캠핑장 텐트 세 개를 확보해 두고 있었던 것이다. 게다가 지난 사흘 동안 30kg이나 되는 캠핑 장비를 나눠 짊어지고 다닌 대흠 씨와 성수 씨도 도착하여 야영장에 자신들의 텐트를 치는 중이었다.

캠핑장 한 켠에 있는 주방과 샤워실에 오늘 트레킹을 마친 이들 수십 명이 몰려들어 시끌벅적했다. 이산가족이 된 지 며칠 만에 우리 다섯도 한자리에 다 모였다. 성수 씨가 정성 들여 참치찌개를 조리했고, 대흠 씨는 배낭에서 와인 두 팩을 꺼내더니 모자라게 느꼈는지 매점으로 달려가 캔맥주 여러 개를 사왔다. 푸짐하고 만족스러운 만찬을 끝낸 뒤 맑은 밤하늘 별들을 바라보며 각자의 텐트로 돌아갔다.

아침이 밝았다. 간밤에는 바람에 텐트가 날아가면 어떡하나 가슴 졸이며 자다깨다를 반복했다. 파타고니아가 바람의 땅임을 다시 한 번 더 실감했다. 그러나 대여한 슬리핑백도 두터웠고 텐트 내부 방한도 완벽했다. 바람 소리만 요란할 뿐 전혀 춥지 않은 밤이었다. 캠핑장 사용료에 텐트, 슬리핑백, 매트 대여료 합쳐서 우리 돈 6만 원짜리의 낭만적인 텐트 1박이었다.

짐 정리를 마쳤다. 큰 배낭은 오늘도 텐트 안에 두고 작은 배낭에 귀중품과 간식을 챙겨서 나왔다. 주방에서 아침 준비하는 일행 넷과 서로 건투를 빌어주며 헤어져 혼자 길을 나섰다. 11월 여름날의 아침 7시 반은 해가 벌써 중천이다. 캠핑장 출구에 '그레이 호수 산장까지 11km, 3.5시간' 팻말이 서 있다.

토레스 델 파이네 마지막 날인 오늘은 W자의 왼쪽 날개를 왕복하

그레이 호수의 그레이 빙하

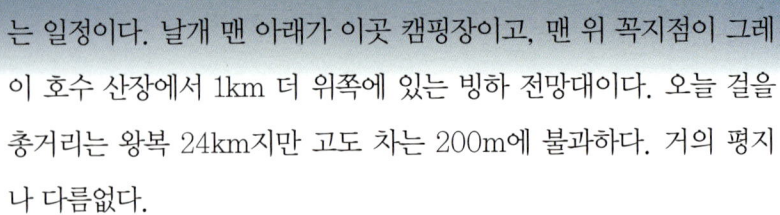

는 일정이다. 날개 맨 아래가 이곳 캠핑장이고, 맨 위 꼭지점이 그레이 호수 산장에서 1km 더 위쪽에 있는 빙하 전망대이다. 오늘 걸을 총거리는 왕복 24km지만 고도 차는 200m에 불과하다. 거의 평지나 다름없다.

완만한 오르막 산길을 지나다 조그마한 호수 로스파토스(Laguna Los Patos)를 만나 잠시 쉬었다. 그저 잔잔할 뿐 별다른 특징은 없는 호수다. 1km쯤 지나 이번엔 그레이 호수 전망대(Mirador Lago Grey)에 다시 눌러앉았다. 자주 쉬어야 할 만큼 힘든 코스는 아니지만 멀리 그레이 빙하가 처음 시야에 들어오는 지점이면서 오늘 루트 중 고도가 가장 높은 해발 250m 지점이기 때문이다.

그레이 호수가 점점 가까워지면서 호숫물의 색감이 조금 전 지나온 작은 호수와는 확연히 달라졌다. 모레노처럼 빙하 절벽이 잠겨 있는 호수다. 그윽하게 펼쳐지던 빙하의 수면이 어느 순간 망망대해 바

다처럼 보이는 착시를 일으켰다.

　멀리 신비로워 보이는 호수와 빙하와는 다르게 길 주변은 음산하고 황량한 분위기다. 검게 타다 만 고목들이 즐비하게 늘어선 풍경이 마치 어느 영화 속 죽음의 땅처럼 괴기스럽게 느껴진다. 수년 전 이스라엘 트레커들이 이곳에서 불을 피우다 주변으로 옮겨붙어 산 전체를 통째로 태워버렸다고 한다. 파타고니아가 바람의 땅임을 간과한 실수였겠다. 소소한 불씨 하나가 거센 바람에 휘날리며 순식간에 초목들을 불태웠을 그 광경이 쉽게 떠오른다.

　캠핑장을 나선 지 세 시간 만에 그레이 호수 산장에 도착했다. 산장에 숙박하고 길을 나서는 한국인 청년 둘을 만나 잠시 이야기 나누고 헤어졌다. 강준형 씨와 이용도 씨, 대기업 근무하다가 휴가라는 휴가는 다 긁어모아 남미 여행에 나섰고, 토레스 델 파이네 W트랙을 우리와는 반대인 역방향으로 돌고 있다고 한다.

그레이 호수 산장

    지구 반대편인 이곳에서 어제는 미국 유학 중인 한국인 여학생을 만났고, 오늘은 샐러리맨인 한국인 청년 둘을 만났다. 이런 여행은 감히 꿈도 못 꿨던 내 젊은 시절의 소심하고 용기 없던 모습과 비교되어 내심 부러움이 일었다.

    산장 주변 풀밭에 퍼질러 앉아 엊저녁 준비해 둔 빵과 콜라로 아침 겸 점심을 해결했다. 신발에 양말까지 다 벗어 놓고 30분 정도 드러누워 졸다가 다시 길을 나섰다. 오늘 목표 지점인 그레이 빙하 전망대까지는 1km 거리다. 아까 만난 한국인 청년 둘은 어제 이곳에 서서 눈앞 그레이 빙하를 바라보며 무척이나 감탄했을 듯하다. 그러나 며칠 전 대단한 규모의 모레노 빙하를 보고 온 나로서는 이곳 정도의 빙하에선 별다른 신비감을 느낄 수 없었다.

　11시 반에 빙하를 뒤로하고 전망대를 내려섰다. 왔던 길 그대로를 걸어 오후 3시에 캠핑장에 도착했다. 어제 이탈리아노 캠핑장에서처럼 홀로 남겨졌던 내 배낭은 역시나 별 탈 없이 텐트 속에 다소곳이 앉아 있었다.

　침낭과 매트 등을 정리해 반납하고, 주방에 들러 컵라면을 준비했다. 나가는 배를 타기 위해선 아직 세 시간이 넘게 남아 있다. 산장 카페에서 빈둥거리며 시간을 보내면 된다. 다른 일행들은 아직 안 보인다. 각자 나름의 방법으로 오늘 여정을 즐기다가 배 시간에 맞추어 모여들 것이다.

　이곳 오지를 벗어나는 유일한 방법은 가장 인접한 관문 도시인 푸

파이네 그란데 선착장

페오에 호수와 파이네 그란데 산

에르토 나탈레스까지 버스를 타고 나가는 한 갈래 길밖에 없다. 산장 바로 인근 호숫가에 하루 세 번 운행하는 배가 대기 중이었고, 우리 다섯 또한 수십 명의 승객들과 어울려 오후 6시 30분에 파이네 그란데 산장을 떠났다.

페오에 호수를 건너는 동안 3개의 바위산 풍광에 취해 있느라 30분이 금세 지났다. 왼쪽의 파이네 그란데 산(Cerro Paine Grande)은 이 국립공원에서 가장 높은 맏형 신분이지만 외모가 워낙 투박해 볼품이 없었고, 오른쪽의 쿠에르노스 델 파이네 두 개의 봉오리는 어제부터 내내 바라보지만 변함없이 극적이고 신비롭다. 이번 여행에서 돌아간 후 남미를 추억할 때면 가장 먼저 떠오를 풍경이 될 것이다.

잠시 후 푸데토(Pudeto) 선착장에 내렸고, 대기 중이던 버스에 올랐다. 첫날 국립공원 출입 신고를 했던 아마르가를 거쳐 푸에르토 나탈레스 터미널에 도착할 때까지 두 시간 반 동안 내내 곯아떨어졌다.

♣ 4일차 (23km) :

　파이네그란데 산장 – 3.5km

→ 로스파토스 호수(Laguna Los Patos, 210m) – 7km

→ 그레이 산장(Refugio Grey, 65m) – 1km

→ 그레이 빙하 전망대(Mirador Glaciar Grey, 40m) – 1km

→ 그레이 산장 – 10.5km

→ 파이네그란데 산장

칠레
푸에르토 나탈레스의 하루

　역삼각형을 떠올리는 남미대륙을 지도로 놓고 보자. 지형이 가장 거칠고 복잡해 보이면서 좌우 양쪽이 극적인 대조를 보이는 곳이 눈에 띈다. 대륙의 맨 아래 꼭짓점 부분보다 바로 위쪽에 있는 지역이다. 이곳까지 뻗어 내려온 안데스 산맥을 경계로 동쪽은 아르헨티나 땅이고 서쪽은 칠레 땅이다.

　대서양에 면한 아르헨티나쪽 땅은 대지가 단조롭고 평온해 보이는 반면, 태평양에 면한 칠레쪽 땅은 갈가리 찢기고 쪼개져 바다와 산과 빙하가 마구잡이로 뒤섞인 모양새다. 동쪽은 건조한 초원과 황량한 사막 일색인데, 서쪽은 만년설 빙하와 거친 피오르(fjord) 산악 지형이다.

기다란 파타고니아의 가운데에 속하는 이 지역은 이렇듯 국경인 안데스를 두고 동과 서의 지형·지질이 극단적인 대조를 이루고 있다.

이런 대비는 앞에 모레노 빙하 부분에서도 언급했지만 지구 자전의 영향으로 남극 근처에 늘 불어대는 편서풍이 만들어낸 결과다. 태평양 바닷물을 잔뜩 머금은 대기가 서에서 동으로 바람 타고 흐르다 안데스 높은 산들에 막히자 위로 솟구쳐오르며 차가워져 비가 되어 내린다.

그나마 힘들게 산맥을 넘은 대기는 수분을 다 잃고 건조한 상태인지라 동쪽의 대지엔 메마른 바람만 거셀 뿐 비는 잘 내리지 않는다. 때문에 칠레 쪽 파타고니아는 강수량이 극단적으로 많고, 아르헨티나 쪽은 그 반대다. 안데스 산맥이 솟아난 이래 수천만 년 동안 1년 365일 반복돼 온 이 현상 때문에 산맥의 서쪽인 칠레 지역은 만년설 빙하로 뒤덮이거나 빙하가 녹아내려 만灣을 이루는 피오르(fjord) 지형으로 변했다.

이렇게 극적인 지형으로 이뤄진 이곳은 그 지명 또한 극적이다. '울티마 에스파란사 현(Provincia de Última Esperanza)', 스페인어로 '최후(Ultima)의 희망(Esperanza)'이란 뜻을 품고 있다. 기다란 오이 모양의 나라 칠레를 구성하는 15개 주(region)의 54개 현(Provincia)들 중 하나다.

일개 현의 면적이 우리나라 땅의 절반을 넘기지만 인구 밀도는 우리의 1,000분의 1에도 못 미친다. 그만큼 사람이 살기엔 척박한 오지 중 오지인 것이다. 지구상에서 아직까지는 인간의 손때가 덜 묻은 곳으로 평가되는 이곳 울티마 에스파란사 현에서도 세계의 트레커들이 특히 관심을 갖는 곳이 바로, 남미 최고의 비경으로 꼽히는 토레스 델 파이네 국립공원이다. 오래전부터 꿈꿔왔던 이곳 트레킹을, 예약 못 했던 잠자리 염려 외에는 아무런 문제없이 깔끔하게 마쳤다.

'최후의 희망' 울티마 에스파란사 현의 현도縣都이자 칠레 토레스 델 파이네의 관문인 항구도시 푸에르토 나탈레스(Puerto Natales)에 엊저녁 9시 넘어 도착했다. 다시 만나는 로도비아리오 버스터미널(Terminal Rodoviario)은 며칠 전 이곳에 오고 떠날 때 고작 두 번 거쳐 간뿐인데도 마치 우리와 깊은 인연이 있는 곳인 양 반갑고 정겹게 느껴졌다. 토레스 델 파이네 3박 4일 여정을 무사히 잘 마쳤다는 뿌듯함까지 더해진 느낌일 것이다.

터미널 앞 광장에 서 있는 광부의 기념비(Monumento al Minero)도 한층 근사해 보였다. 첫날 도착해 멀리서 바라볼 때는 총 들고 작전하는 군인 동상인 줄 잘못 알았다. '오래전 석탄 산업이 활황일 때 바로 저런 광부들이 이 지역 경제 호황의 중추였다'고, 호스텔 주인장이 며

칠 전 말해줬었다. 뭔가 아련한 향수 같은 게 묻어 있는 주인장 표정이었다.

호스텔 돈데키케(Hostal Donde Kike)에 도착해 보니 또 다른 한국인 청년 둘도 투숙해 있었다. 강충구 씨와 김선호 씨, 남미대륙을 우리와는 반대 방향으로 여행 중이라 했다. ROTC 제대하고 아직 미취업 상태라 무려 일 년을 여행 중이라니 그저 놀라울 따름이다. 늦은 저녁 식사를 마친 후 포도주 3병을 놓고 일곱 명이 둘러앉아 늦게까지 이야기 나눴다.

와인에 문외한인 내가 '1865', '몬테스 알파', '마르께스'라고 쓰인 와인 병 3개의 상표를 살펴볼 정도로 맛도 일품이었다. 살짝 취한 나는 꼰대임을 숨기지 못해 시답잖은 옛 경험들을 들려줬고, 청년 둘은 나에게 볼리비아와 페루에 대한 실용 여행 정보들을 정성스레 알려줬다.

오늘 아침 8시, 용감한 청년 둘은 다음 일정을 위해 일찍 떠났다. 남은 우리는 컵라면과 바나나로 늦은 아침 식사를 마친 뒤 가벼운 차림으로 숙소를 나섰다. 푸에르토 나탈레스는 역시 여행자들의 도시였다. 도시라기보다는 시골 읍내 같은 소박한 분위기지만 마치 네팔 포카라 거리를 걷는 듯 배낭족들이 많았고, 등산이나 캠핑 장비 대여점들도 자주 눈에 띄었다. 여행용품 가게에 들렀다가 영기 씨가 모자를 고르더니 내 몫까지 하나 사줘서 사양 않고 받아 썼다. 'Wild Patagonia'라고 쓰인 로고가 근사해 보이는 모자였다.

마트에 들러 점심거리를 한 박스 사서 숙소로 돌아왔다. 듬직한 소고기 몇 덩이에 야채 듬뿍 그리고 어제 마신 와인 브랜드 중 두 병

떠나는 강충구 씨와 김선호 씨

을 다시 사와 식탁에 펼쳐 놓았다. 모두의 뱃속에서 아침에 먹은 컵라면이 진작 소화가 끝났다는 신호가 오는 모양이다.

쌀을 빠트린 걸 늦게 알아챈 영기 씨가 서둘러 다시 마트로 달려갔고, 나는 기록 담당이라는 임무에 충실하게 소파에 앉아 토레스 델 파이네 사진 정리에 들어갔다. 그동안 주방에선 성수 씨가 메인 셰프가 되고 대흠 씨와 상준 씨가 보조를 맡은 조리팀이 팀워크를 뽐내고 있었다. 주방 아재 셋이 아파트 아주머니들 못지않게 시끌벅적 수다를 풀어내는 와중에 소고기 야채탕이 먹음직스럽게 보글보글 끓어오르기 시작했다.

칠레
푼타 아레나스, 남극 가는 관문

 칠레는 남미대륙의 서해안 일대를 절반 넘게 점하고 있는 나라다. 동서 폭은 200km도 안 될 정도로 좁지만 남북의 직선 길이는 5천 km에 가깝다. 기형적으로 보일 만큼 가늘고 길쭉하다. 수도인 산티아고 주를 포함하여 모두 16개의 주(Region)로 이뤄졌는데, 행정구역을 표기한 칠레 지도를 보면 마치 길쭉한 오이를 크고 작은 토막들로 동강 낸 것처럼 보인다.
 이들 16개 토막 중 맨 아래 꼭짓점에 해당하는 부분의 행정 지명은 마가야네스 주(Region de Magallanes)이다. 인류 최초로 세계를

일주한 '마젤란'의 스페인식 이름이 칠레 최남단 주州의 행정 지명이 되었다. 또한 이곳의 좁고 꾸불꾸불한 바다의 이름은 마젤란 해협(Estrecho de Magallanes)이다. 유럽인으로선 최초로 대서양에서 태평양으로 나아간 500년 전 역사의 일이 이 일대에 이런 지명들을 낳은 것이다.

항구도시 푼타아레나스(Punta Arenas)는 이곳 마가야네스 주의 주도州都이면서 마젤란 해협을 바라보는 한가운데에 위치해 있다. 남극으로 가는 관문 도시이기도 한 푼타아레나스는 MBC TV '무한도전'에서 '지구 최남단'으로 소개되면서 우리에게 많이 알려지기도 하였다.

11월 19일 목요일 오후 3시에 푸에르토 나탈레스 버스터미널을 떠나 오후 6시, 푼타아레나스에 도착했다. 두 도시를 잇는 유일한 길인 9번 도로를 타고 남으로 남으로 버스는 오직 지평선만 바라보고 달렸다. 가도 가도 끝이 없는 듯했다. 거친 황야만 펼쳐질 뿐 단조롭고 지루한 길이었다.

터미널에 내렸으나 당장은 막막했다. 남미 여행자들이 수시로 들락거리는 관문 도시인 만큼 숙소는 여기저기 충분할 줄 믿고 아무 예약 없이 무대책으로 왔다. 터미널 인근 카페 아오니(Cafe Aoni)로 몰려가 네 사람은 자리를 잡고, 성수 씨 혼자 숙소를 알아보러 나갔다. 막내라고 늘 고생이다. 우리 돈 2천 원 정도의 커피 한 잔씩 받아 들고 각자 핸드폰 삼매경에 빠져들었다. 푼타아레나스에 도착한 첫 느

낌은 '와이파이 잘 터져 좋다'는 것이었다.

40분 후 돌아온 성수 씨를 따라 모두 카페를 나섰다. 숙소들은 많은데 좀 더 나은 데를 고르느라 늦었다고 한다. 10분 걸어 호스텔 타티스(Hostal Tatys House)에 도착했다. 역시 아늑하고 깔끔한 공간, 모두가 마음에 쏙 들어 했다. 1인당 가격은 우리 돈 3만 5천 원 수준, 푸에르토 나탈레스에서의 숙박비의 1.5배다. 실내 공간의 구조가 상대적으로 럭셔리하기는 하지만 그래도 좀 비싼 편이다. 아무래도 시골 읍내와 소도시의 물가 차이인 모양이다.

대략 짐 풀어놓고 숙소를 나섰다. 점심은 조리해 먹었으니 저녁은 이 항구도시의 음식도 맛볼 겸 밖에서 사 먹기로 했다. 11월 여름날의 파타고니아 하루는 정말 긴 것 같다. 저녁 8시가 넘은 시간인데 오후 서너 시 때처럼 해가 중천이다. 처음 만나는 마젤란 해협의 시원한 바닷바람을 맞으며 유유히 걸었다.

가로세로 구획 정리가 잘된 넓은 거리지만 인적도 드물고 차량도 많지 않다. 푼다시오날 광장(Plaza Fundacional)의 방파제 바로 앞

바다에서 거대 선박 두 척이 유유히 지나는 광경은 매우 생경했다. 육지 바로 옆이지만 그만큼 수심이 깊다는 뜻이겠다.

파란색 건물이 주변에선 가장 화려해 보이는 드림스 호텔 맞은편에 씨푸드 레스토랑이 하나 보여 들어갔다. 로스 가나데로스(Parrilla Los Ganaderos), 파타고니아 전통의 양고기 바비큐인 아사도(asado)와 다양한 해산물을 함께 취급하는 레스토랑이었다. 며칠 전 엘 칼라파테에서 맛있게 먹었던 아사도를 다시 조금 시키고, 새우 등 해산물을 메인으로 좀 많이 주문하는 걸로 했다.

이럴 때 주문 담당인 상준 씨가 웨이터 불러 화이트와인 등 이것저

것 주문을 했다. 얼추 계산해 보니 인당 4만 원 정도 나오겠단다. 모두 흔쾌히 동의했다. 이번 여행에서 비용 지출에 관한 한 우리 다섯은 한 가지 공통의 모토가 있었다. 그것은 바로 '숙박비는 아끼되 식비는 팍팍 쓰자'이다. 해서, 잠자리는 항상 도미토리 다인실 또는 밤샘 버스를 이용하지만 식사만큼은 조리해 먹건 사 먹건 비용은 아끼지 않는 편이다. 오늘 저녁 역시 모두가 만족하는 성찬이 되었다.

식사 후 잠시 유유히 걸으며 마젤란 해협 바닷바람을 즐겼다. 그 옛날 유럽인들이 그들 입장에서의 신대륙을 처음 발견했을 때 그 땅이 설마 이렇게 남쪽 멀리까지 뻗어 내려가 있을 줄은 아마 상상도 못 했을 것이다.

1492년 콜럼버스가 아메리카 대륙에 첫발을 디디고 30년 후에는 에르난 코르테스가 중남미 멕시코 일대의 아스텍 제국을 정복했다. 그동안 유럽인들이 청정 신대륙을 들락거리며 퍼트린 천연두는 면역

력이 없던 원주민 인디오들을 대거 죽게 만들었다.

콜럼버스가 다녀가고 40년 후 프란시스코 피사로가 남미대륙의 거대 제국 잉카를 쉽게 무너트린 사건도 그 계기는 천연두의 창궐이었다. 잉카의 황제와 그 후계자가 거의 동시에 천연두로 사망하면서 제국 내에서 내전이 일어났던 게 피사로에겐 우연한 기회가 되었던 것이다.

40년 시차를 두고 신대륙에 나타난 세 인물이 이후 500년 세계 근현대사의 흐름을 바꿔 놓았다. 세 인물 모두 스페인 사람이거나 스페인 왕조의 지원을 받은 이들이었다. 여기에 한 명이 더 추가돼야 한다. 인류 최초로 세계를 일주한 페르디난드 마젤란이다. 에스파냐 항구를 떠난 지 1년 만인 1520년 11월, 이곳 푼타아레나스 앞바다의 좁은 물길을 따라 유럽인 최초로 태평양과 조우함으로써 비로소 오늘날의 둥그런 세계 지도가 완성될 수 있었다.

⑱ 칠레
푼타 아레나스, 마젤란 해협

　이번 우리 여행에서 와인과 맥주는 매 끼니 거의 빠지지 않는 고정 메뉴가 되어간다. 두 품목 다 아르헨티나와 칠레 지역 특산물이라는 생각에 더 애착이 간 듯하다. 파타고니아에서 유명한 로컬 맥주 아우스트랄(Austral Cerveza) 공장이 이곳 푼타아레나스에 있다고 했다. 검색해보니 숙소에서 15분 거리다. 모두 늦잠 잔 뒤라 느지막하게 아침 식사를 마친 우리는 10시 반 맥주 공장 도착에 맞추어 길을 나섰다. 예전 더블린 여행에서 기네스 흑맥주 공장 투어가 아주 만족스러웠던 추억을 떠올리며 기대감도 한껏 부풀어올랐다.

아스트랄사 정문에 도착했지만 곧 실망이 뒤따랐다. 양조장 오전 투어는 10시에 이미 시작되어 못 들어가고, 오후 3시부터 1시간 투어는 가능하다고 한다. 여행에서 시간 착오와 시행착오는 늘 있는 법이다. 쉽게 포기하고 다음 목적지로 발길을 돌렸다.

이 도시를 관통하는 라스미나스 강변을 따라 걷다가 아르마스 광장(Plaza de Armas)으로 들어섰다. 도심 복판에 자리잡은 마젤란 동상(Monumento Hernando De Magallanes)을 만나기 위해서다. 광장 중앙에는 선상 대포에 다리를 걸친 마젤란이 멀리 대양을 바라보는 근엄한 모습으로 서 있다. 오래전 이 땅에 최초로 발을 들인 유럽인답게 웅장한 자태를 보여준다.

동상 아래쪽에는 몸집이 일반인 두 배쯤 돼 보이는 호위병 둘이 큰 무기를 들고 앉아 마젤란을 떠받치고 있다. 우리보나 먼저 도착한 여행자들이 원주민 인디오로 보이는 호위병의 한쪽 발을 어루만지거나

손을 얹어 인증 사진들을 찍고 있다. 이곳을 찾는 모든 이들이 얼마나 많이 만지고 쓰다듬었는지 호위병의 한쪽 발등은 찬란한 금빛을 띠며 매끄럽게 반들거린다.

그 옛날 대항해 시대에는 이곳에 잠시 정박한 유럽 선원들이 원주민의 큰 발을 만지고 떠나면 무사히 항해를 마친다는 근거 없는 믿음이 있었다고 한다. 오늘날 이곳에 들른 여행자들에겐 이 동상의 큰 발을 쓰다듬고 가면 오래전부터 꿈꿔온 자신의 소망이 이뤄질 거라는 역시 근거 없는 희망이 깃들어 있는 모양이다.

500년 전 마젤란이 이곳에 처음 정박했을 때 원주민들의 발이 워낙 큰 것을 보고 놀라며 '오, 발(Pata)이 참 크네(gon)!'라고 중얼거린 것이 '파타고니아(Pata-gonia)'란 지명의 유래라고 한다.

우리 또한 그 대단한 발을 만져보며 서로 인증 사진을 찍어준 뒤 광장에서 헤어졌다. 일행 넷은 도심을 거닐고 싶은 눈치이고 나는 외각 쪽으로 좀 걸어보고 싶어서였다. 이따 저녁 6시 반에 이 지역 한국인 식당 신라면 집에서 만나기로 했으니 그때까지 일곱 시간 동안 나는 혼자 자유롭게 둘러보는 것이다.

　　마젤란 거리를 따라 북쪽으로 걷다가 이 지역 명소라는 시립 사라 브라운 공원묘지(Cementerio Municipal Sara Braun)로 들어섰다. 녹색의 거대한 솜사탕 모양의 조경수들이 잘 다듬어진 채 즐비하게 늘어서 있다. 묘지라기보다는 아름다운 정원 속을 거니는 느낌이다. 세계에서 가장 아름답게 꾸며진 10대 공원묘지 중 하나라는 어느 블로거의 말이 얼른 수긍이 된다.

　　외형적으로는 잘 가꿔졌지만 이곳에 묻힌 한 사람 한 사람의 삶은 애환으로 가득했을 듯하다. 정든 고향을 등지고 멀리 세상의 끝이었을 이곳까지 이민 와서 정착하기까지 험난한 인생 역정들이었을 것이다. 넓은 묘지 땅의 기증자인 사업가 사라 브라운의 이름을 공원묘지 이름에 넣었다.

　　공원묘지에서 쇼핑몰 조나 프랑카(Zona Franca)까지 3km 이어지는 마누엘 불네스 거리(Av. Manuel Bulnes)를 고즈닉하게 걸었다. 도심을 벗어난 한적한 도로의 중앙 차선에는 이곳 역사 인물들의

동상이나 원주민들의 옛 시절을 보여주는 조형물들이 아름답게 배치되어 있다.

수많은 양들과 목동을 묘사한 오베헤로 기념비(Monumento al Ovejero)는 일 년 내내 악천후를 견디며 삶을 일궈온 이 지역 모든 양치기들에 대한 헌사라고 했다. 인근 마젤란 해협에서 불어오는 파타고니아 바람이 주변 조형물들을 거세게 몰아붙이고 있다.

하얀 탑 앞에 서 있는 크로아티아 이민자 가족의 기념비(Monumento al Inmigrante Croata) 또한 절절한 사연이 담긴 듯하다. 젊은 부부가 어린아이를 높이 쳐들고 행복해하는 모습이다. 그 옛날 그 먼 동유럽에서 지중해와 대서양을 건너 대륙의 최남단까지 흘러왔지만 역시나 척박한 이곳에서 겪었을 가족의 애환이 눈에 선하다.

바로 이어지는 봄베로 광장의 큼직한 동상에는 '소방관 산티아고 비올릭 블라스텔리자의 기념비(Monumento al Bombero Santiago Violic Vlasteliza)'라는 팻말이 붙어 있다. 크로아티아 이민자로서 이곳에 정착한 그는 주민들의 삶에 많은 기여를 했다고 한다. 그의 조형물은 마치 영화 속 한 장면처럼 극적이다. 자원봉사로 소방관 일을 했던 그가 화재 현장에서 한 여인을 구하여 안고 뛰쳐나오는 상황을 담고 있다.

동상 앞 쇼핑몰 조나프랑크에서 USB 등 소소한 물품 몇 개를 사고 도심 쪽으로 발길을 되돌렸다. 왔던 길과는 한 블록 위쪽인 에스파냐 거리(Av. Espana)를 천천히 걸어 아르마스 광장 인근의 십자가 언덕 전망대(Mirador Cerro de la cruz)에 올랐다. 이 도시 여행자들은 꼭 들르는 명소라고 했다. 도시 전체가 360도 파노라마가 되어 시야에 들어왔다.

우리가 어제 주변을 맴돌았던 드림스 호텔 파란색 건물이 군계일학처럼 돋보였고, 그 너머로는 선박 한 척이 위풍도 당당하게 마젤란 해협을 유영하고 있다. 20여 개쯤 되어 보이는 세계 각지로의 거리 이정표 중에 대한민국이 안 보여 걱정하다가 맨 밑에서 두 번째 하늘색 팻말을 겨우 찾았다. '꼬레아 평창(COREA PYEONGCHANG)까지 12,515km'란다.

오후 6시 반 약속 시간에 맞추어 라스미나스 강쪽으로 발길을 돌렸다. 지구 반대편에서 컵라면 아닌 진짜 냄비 라면 한 그릇 먹어볼 시간이 되어간다. 집 떠난 지 몇 주 만이다. 일행들과 합류하기로 한 신라면 집까지는 천천히 걸어 15분 정도 걸리겠다. 아까 사라브라운 공원묘지에서 빵 한 소삭으로 점심을 때웠을 뿐이다. 충분히 허기질 시간이 되었다.

칠레
파타고니아에서의 마지막 하루

엊저녁 6시 반부터 9시까지는 '푼타아레나스 신라면집'과 함께한 시간이었다. 예전 여행자들이 남긴 SNS 후기들을 통해서 알게 된 곳이다. 이곳에선 유일한 한인 식당이니까 파타고니아를 여행하다가 푼타아레나스에 온 한국인들이라면 대부분은 들르는 곳이라 했다.

구글 지도에는 '코코멘(Koko-men)'으로 표기되어 있지만, 현장 간판엔 '辛(신) 라면' 글씨만 여러 개 큼직하게 쓰여 있다. 카운터에서 우리를 맞는 사장님 얼굴은 유튜브에서 예전에 봤던 모습이라 서로 아는 사이인 것처럼 친근하게 느껴졌다. 직전에 들렀던 십자가 언덕

푼타아레나스 신라면집 코코멘

전망대의 한국까지의 거리 이정표도 자신이 제안한 거라고 했다.

주방 선반 위에는 오직 단일 품목, 신라면으로만 가득 채워져 있다. 좁고 기다란 분식집 분위기인데, 우리 외에도 현지인들이 한두 명씩 앉아서 라면 먹는 풍경도 정겨웠다. 한국인 여행자들은 어쩌다 오는 것이니, 당연히 현지인들 입맛에 맞게 현지인들이 주 고객이라고 한다.

라면 1개에 1만 원이라 꽤 비싸지만 지구 반대편에 와서 먹는 맛을 생각하면 충분히 용인될 수 있는 가격이겠다. 라면과 김밥을 푸짐하게 시켰다. 와인과 맥주 이외에 이곳 전통주를 추천해달라는 말에 주인장은 칠레와 페루의 전통 증류주라며 피스코(Pisco Mistral) 한 병을 내놨다. 포도 껍질로 만들었다는 40도 독주를 일부는 얼음 칵테일로, 일부는 콜라를 섞은 '피스콜'로 모두 함께 나눠 마셨다.

벽 한 켠에는 개그맨 박명수 씨의 사진도 보인다. 2015년 여름 MBC TV '무한도전'에서 박씨가 '배달의 무도'란 콘셉트로 이곳 '지구

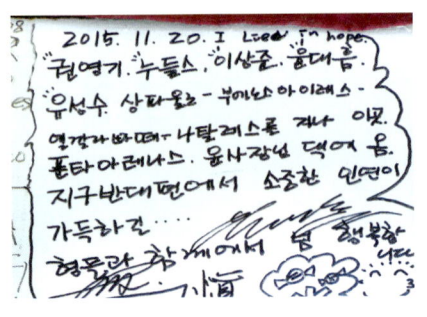

최남단까지 집밥 배달'하는 내용을 유튜브로 본 적이 있다. 한국인 여행자들이 남긴 메모 글들로 빼곡한 벽 한 켠에 막내 성수 씨가 대표로 몇 자 남겼다.

'브라질, 아르헨티나 거쳐 이곳 칠레 땅 푼타아레나스 윤 사장님 댁까지 왔습니다. 지구 반대편에서 맺게 된 소중한 인연입니다. 형들과 함께여서 넘 행복합니다.'

11월 21일 토요일 아침의 호스텔 테티스(Tetys), 먼저 기상한 이들이 식탁에 옹기종기 모여 앉아 있다. 숙소에서 내놓은 빵과 주스를 먹거나 또는 컵라면 등으로 각자 아침 식사를 하는 중이다

어제 내가 불네스 거리에서 만난 조형물들에 대하여 이야기할 때, 주변에 있던 호스텔 여주인이 대화에 끼어들었다. 거리의 여러 조형물들 중 '크로아티아 이민자 가족의 기념비'에 대한 내 말 중에서 '크로아티아'라는 단어가 그녀 귀에 두세 번 들렸는가 보다. 자신도 크로아티아 이민자의 후손이란다.

어제 봄베로 광장에서 소방관 산티아고 비올릭 동상도 봤는지 그녀가 내게 물었고, 그 또한 자랑스런 크로아티아계라며 더 자세한 이야기를 덧붙여줬다. 선조들의 칠레 이민에 대한 그녀의 역사 이야기를 통해서 푼타아레나스 인구의 상당수가 크로아티아계임을 알게 되

었다. 19세기 후반 오스트리아-헝가리 제국의 지배하에서 신음하던 크로아티아인들이 당시로선 세상의 끝이나 다름없던 이곳까지 생존을 위해 흘러온 것이다.

박물관 두 군데를 둘러보기 위해 길을 나섰다. 어제 사라브라운 공원묘지 인근에서 점찍어 뒀던 살레시아노 박물관(Museo Salesiano / Maggiorino Borgatello)은 숙소에서 도보로 10분도 안 되는 거리다. 이곳 원주민들의 그 옛날 생활상을 들여다볼 수 있는 사진, 그림, 유물들이 크지 않은 3층 건물에 빼곡하게 전시되어 있다. 원주민 모형들이나 박제된 동물과 조류 등이 워낙 생생하고 실감이 났다. 푼타 아레나스의 자연사 박물관이라 할 수 있겠다.

박물관 앞 광장에는 이 거리 이름의 주인공이기도 한 마뉴엘 불레스의 기마상(Monumento a Manuel Bulnes)이 장중하게 서 있다. 용맹스런 자태는 아니고, 말 위에서 뭔가를 심사숙고하는 모습이다. 19세기 칠레 독립전쟁의 영웅이면서 대통령직을 두 번 역임한 인물

마누엘 불레스의 기마상

마젤란

이다. 특히 오지 중 오지였던 마젤란 해협 일대와 푼타아레나스에 주거생활을 활성화시키는 데 큰 기여를 했다고 한다.

마누엘 블레스 거리를 따라 남쪽으로 10분 정도 걸으면 아르마스 광장 바로 옆 블록에 있는 마젤란 박물관(Museo Regional de Magallanes)이다. 500년 전 허술한 지도와 별자리와 나침반에만 의존해 인류 최초로 지구를 한 바퀴 돈 인물, 서쪽 바다로 나아가다 보면 무한 낭떠러지로 떨어지는 것도 아니고, 바다의 끝이란 애초에 존재하지도 않았음을 입증한 인물이다. 그런 마젤란이 불모였던 이곳 파타고니아에 끼친 선한 영향에 대한 역사 자료들이 박물관 안에 다양하게 모아져 있다.

전시 자료에 보면 당시의 원주민들 체격이 유럽인 선원들의 1.5배 정도였음을 알 수 있다. 거대한 몸집이지만 양순했던 인디오들이 왜소하지만 사악했던 유럽 이방인들의 총칼과 탐욕 앞에 속절없이 무너지는 아픈 역사도 아울러 연상이 되는 공간이다.

바닷바람을 더 가까이서 맞고 싶어 해변 쪽으로 다시 내려왔다.

　코스타네라(Costanera) 산책로 앞에서 낡고 쓸모없어진 나무다리가 바다 멀리까지 나아간 모습이 극적이면서 왠지 아련한 느낌을 준다. 옛 선착장 부두 시설을 철거하지 않고 그대로 남겨둔 채 로레토 부두(Muelle Loreto)란 이름으로 보존되고 있다. 비록 낡고 스러져가는 모습이지만 온갖 바닷새들의 요람이자 휴식처가 되어주면서, 이곳 여행자들에겐 전혀 흉물스럽지 않은 자태로 근사한 사진 명소가 되어주고 있다. 드림스 호텔을 지나 크루즈 선착장 앞에 세워진 녹색의 시계탑(Reloj Del Estrecho)도 그냥 지나칠 만한 평이한 모습이지만, 그 역사가 100년에 이른다고 하니 새삼스레 다시 눈길이 간다.

　'푼타아레나스 항구'로 통하는 이 선착장(Puerto del Estrecho Tender Port)은 옛 시절의 영화를 잘 기억하면서 가끔은 그리워하고 있을 것이다. 20세기 초반까지 대서양과 태평양을 들락거리는 모든 선박들은 이 항구도시를 경유해야만 했다. 그러던 번영의 시절은 1914년 파나마 운하가 개통되면서 종지부를 찍는다. 오늘날은 우수아이아를 잇는 관광 유람선을 운행하거나 남극으로 향하는 베이스캠프로서의 역할에 만족해야만 하는 상황이 되어버렸다. 우리의 파타고니아 여행도 이제 슬슬 종지부를 찍어야 할 시간이다.

볼리비아

⑳ 볼리비아
칠레 산티아고 찍고 볼리비아 라파스로

　숙소 앞 일식집 오사카 스시(Osaka Sushi)에서 이른 저녁 식사를 간단하게 마쳤다. 어젯밤 신라면집에서 돌아오다 들러서 먹었던 연어 초밥은 오늘도 역시 맛있었다.
　오후 6시 다 되어 콜택시 두 대가 도착했다. 숙소 여주인의 배웅을 받으며 호스텔 타티스와도 이별했다. 2박 3일 동안 정들었고 모자람이 없던 숙소였다. 크로아티아계 여주인 클라우디아(Claudia) 씨가 오늘 아침에 들려준 이야기 덕택에 푼타아레나스가 유럽 이민자들의 피땀과 애환 위에 세워진 도시임을 알게 되었다.

공항까지는 해안을 따라 북쪽으로 20km 거리다. 토레스 델 파이네 인근까지 이어진 9번 도로 위를 되돌아 다시 달리며 마젤란 해협 시원한 바닷바람과도 이별했다. 아르헨티나 엘 칼라파테에서 시작해 피츠로이, 세로토레, 모레노 그리고 칠레 푸에르토 나탈레스와 토레스 델 파이네를 거쳐 이곳까지 이어진 파타고니아 여정을 이제 마치는 것이다.

1950년대 칠레 대통령의 이름을 딴 카를로스 이바네스 델 캄포(Carlos Ibanez del Campo) 국제공항을 이륙하며 11월 22일 저녁 7시 50분, 대륙의 땅끝 푼타아레나스와 이별한다. 한편으론 더 남쪽으로 향해 우수아이아(Ushuaia)를 들르지 않고 그냥 떠나는 우리 일정이 많이 아쉽기는 하다.

사실, 대륙의 땅끝 또는 '세상의 끝(Fin del Mundo)'이란 수식어를 두고 아르헨티나 우수아이아와 칠레 푼타아레나스는 은연중 치열하게 소유권(?) 다툼을 벌여왔다. 영화 〈해피 투게더〉 속 피날레 장면을 따른다면 우수아이아가 승자다. 양조위 배우가 브라질 이과수 폭포 앞에서 새 출발을 다짐하는 시간에 그의 친구 장첸은 아르헨티나 우수아이아 등대 위에서 슬픈 옛 추억들을 털어버리고 있는데, 이때 장첸은 '1997년 1월 마침내 '세상의 끝'에 도달했다'라고 읊조린다. 이 대사를 통해 왕가위 감독은 우수아이아를 편들고 있는 것이다.

우리나라의 경우 해남 송호리는 땅끝마을이라 하고 마라도는 최남단으로 통한다. 이렇게 놓고 보면 푼타아레나스는 '남미대륙의 땅끝'

이요, 육지가 아니라 섬인 우수아이아는 '남미대륙 최남단'이라고 하면 서로 공평할 듯싶다.

칠레-아르헨티나 국경인 안데스 산맥을 따라 북쪽으로 향하는 비행기는 금세 토레스 델 파이네 상공을 지난다. 우리가 며칠 전에 올랐던 라스토레스 전망대 앞 호수와 그 뒤로 북봉과 중앙봉 등 여러 봉우리들이 병풍처럼 늘어선 풍광이 장쾌하게 펼쳐진다.

부에노스아이레스에서 파타고니아 들어올 때와 마찬가지로 나갈 때도 이렇게 비행기를 이용하고 있다. 여행 초기의 두 번처럼 밤샘 버스라면 어땠을까 하는 생각도 들 수 있지만 어림도 없는 생각이다. 칠레 파타고니아로 일단 들어왔다면 나가는 육로는 칠레 국경 안에서라면 아예 없다. 북쪽으로 온통 안데스 산맥과 빙하에 막혀 있기 때문이다.

국경을 넘어 다시 아르헨티나로 들어가 40번 도로를 타고 수십 시간 버스 안에서 시달리던지 아니면 바닷길을 이용하는 방법 외에는

이렇게 푼타아레나스 공항에서 비행기를 탈 수밖에 없는 것이다. 아무튼 우리는 이렇게 남미대륙의 땅끝 오지를 완전히 벗어났다.

이륙 4시간 반 만에 산티아고 공항에 도착했다. 칠레 공군의 창설자인 아르투로 메리노 베니테스(Arturo Merino Benítez)의 이름이 들어간 국제공항이다. 밤 12시 반에 내렸으니 아침까지 공항 안에서 노숙해야 한다. 저렴한 항공편을 이용하는 해외여행에서 공항은 종종 괜찮은 숙소가 된다. 대합실 구석에 다섯이 누울 자리를 확보했다. 한쪽에 쌓아 놓은 배낭들 감시를 위해 한 사람씩 돌아가며 불침번을 서기로 하고 각자의 침낭 속으로 들어가 누웠다.

아침 7시 기상하여 화장실 양치에 고양이 세수 그리곤 대합실 카페에서 수프와 빵으로 아침 식사를 하는 등 시내 거리에 있는 것처럼 느긋하게 아침 시간을 즐겼다. 산티아고 공항에서 총 12시간을 체류한 우리는 오전 11시 55분, 정해진 비행기에 올랐다. 그리곤 오후 3시 반 드디어 볼리비아 라파스에 도착했다.

중간에 이키케(Iquique) 공항에 잠시 내려 칠레 출국 수속을 마치고 다시 타는 등 복잡한 과정을 거쳐야 했다. 엊저녁 푼타아레나스에서 탑승해 이곳 라파스까지, 두 공항에서의 체류시간 포함해 총 19시간이 소요된 여정이었다.

공항에 내린 첫 느낌은 다소 찜찜한 것이었다. 머리가 띵하는 건 고산증의 전조임을 예전 경험으로 직감할 수 있다. 세계에서 해발이 가장 높은 국가 수도인 라파스이고, 세계에서 가장 높은 공항 중 다

섯 손가락 안에 꼽히는 해발 4,060m의 엘알토(El Alto) 공항에 막 내린 것이다. 미리 고산병 약을 먹어 둔 것도 아니고 아무 대책 없이 내렸으니 머리가 띵할 만했다.

  공항에서 5km도 안 되는 도심 사가르나가(Sagarnaga) 거리의 여러 숙소들 중 호텔 푸엔테스(Hotel Fuentes)에 투숙을 하고 밖으로 나왔다. 숙소 바로 앞 여행사 아카파차(Aka Pacha Travel)에 들러 내일부터 이어질 4일 동안의 패키지 여행을 먼저 예약했다. 내일 하루는 티티카카와 코파카바나, 모레부터 2박 3일은 우유니 사막 투어를 예약하고 홀가분하게 거리로 나왔다.

  사가르나가 거리 풍경은 어제까지 접했던 모습들과는 정반대였다. 파타고니아의 작은 도시들에선 현지인들 모습이 부유해 보이진 않지만 다소간 여유로움은 느낄 수 있었다. 반면, 이곳 라파스의 사가르나가 거리를 오가는 현지인들의 행색에선 궁핍의 냄새가 짙게 풍겼다. 그러나 여행자 거리라는 유명세에 어울릴 만큼 외지인 여행

자들도 많아 보인다.

　숙박업소와 쇼핑점과 식당 등이 즐비하고 거리 귀퉁이마다 고유의 모자를 쓴 인디오들이 장신구 등 공예품 좌판을 깔아 놓고 호객을 하고 있다. 여행용품 가게들이 많아 보이는 이얌푸 거리(Av. Illampu)와 산타쿠르즈 거리를 이어 걷다가 차 한 대가 겨우 다닐 만한 좁은 골목 리나레스(Linares) 거리로 들어섰다.

　안데스 특유의 패브릭 직물이나 박제 인형 또는 주술 관련 토속품들과 현대식 상품들이 혼재된 가게들이 즐비하다. 옛날에는 인디오들의 전통 제사상에 올리던 라마 고기 사체를 팔던 골목시장이었다고 한다. 지금도 여전히 토속적이고 정겨운 분위기이면서도 한편으론 '마녀시장(Mercado de las Brujas)'이라는 악명에 걸맞게 어딘가 기괴하고 음산한 느낌을 주기도 했다.

　날이 어두워지며 비로소 모두에게 허기가 왔다. 부실한 기내식으로 점심을 대충 때운 뒤였다. 일국의 수도인 만큼 도심 어딘가에 우리 한인 식당 하나쯤은 있을 것이다.

볼리비아
티티카카 호수와 코파카바나

    어제 30분 넘게 물어물어 찾아간 한인 식당 코리아타운(Corea Town)은 늦지 않은 저녁 시간인데도 문이 굳게 잠겨 있었다. 잔뜩 부풀어 있던 김치찌개 한 그릇에 대한 열망은 아쉽게도 접어야 했다.

    택시를 타고 다시 이얌푸 거리로 돌아가 걷는데 상해반점(Chifa Shanghai)이 눈에 띄었다. 익숙한 중국식으로 저녁 식사를 마친 뒤 사가르나가 거리의 우리 숙소로 돌아왔다. 볼리비아에 온 만큼 이곳 전통주 한 잔에 대한 욕구가 컸지만 경미한 고산증 때문에 다들 몸을 사려야 했다.

호텔 푸엔테스 205호 창문 너머로 멀리 고산 마을 정경이 아련하게 펼쳐진다. 전형적인 달동네의 모습이다. 해발 4천 미터 가까운 고지대 경사진 곳에 갈색과 주황색의 작은 집들이 성냥곽처럼 다닥다닥 열 지어 붙어 있다.

남미대륙에서 아메리카 원주민인 인디오 비율이 가장 높은 나라다. 인구수로는 인디오가 절반이 넘는 55%이니 주류여야 하지만, 사회적 위치에서는 유럽인들과의 혼혈인 메스티소(mestizo)와의 신분 차이가 워낙 크다. 그래서 인디오들은 할 수 없이 저렇게 비탈진 고지대로 밀려나가 옹기종기 모여 살고 있을 것이다.

어제 공항에 내린 후 머리가 띵하더니 아픈 정도는 택시를 타고 도심 센트로 지역으로 내려오자 다소간 나아지긴 했었다. 공항과 시내 간 고도 차이가 꽤 있었는가 보다. 그러나 오늘 아침 눈을 떠도 고소증세는 역시 조금 남아 있어 개운치가 않았다.

숙소 체크아웃을 마치고 어제 여행사에서 일러준 숙소 인근 정류장에서 투어버스에 올랐다. 라파스 북서쪽에서 페루와 국경을 공유하는 티티카카 호수까지 버스로 간 다음 호수 건너 코파카바나 마을까지 다녀오는 당일치기 투어다. 왕복 300km를 가고 오는 버스비와 보트 승선비로 우리 돈 1인당 5만 원 상당을 어제 여행사에 투어비로 지불했었다.

아침 8시에 숙소 인근 정류장을 출발한 버스는 잠시 후 건물 노란 색상이 아름다운 라파스 버스터미널(Terminal De Buses Lapaz)에

에두아르도 아바로아

서 추가 승객들을 태운 뒤 시내를 벗어났다. 오른쪽 차창 멀리 안데스 설산들이 병풍처럼 펼쳐졌고, 그 앞 평원에선 라마들이 머리 숙여 풀 뜯는 정경이 이어졌다. 어제 내린 엘 알토 공항 인근에서 코파카바나까지를 잇는 2번 국도를 달리던 버스는 두 시간 후 호숫가 마을 티키나(Tiquina)에 도착했다. 호반 마을 특유의 맑고 청아한 분위기가 주변 일대를 감싼다.

선착장 앞에 세워진 한 인물의 동상이 눈길을 끈다. 에두아르도 아바로아(Eduardo Avaroa), 1870년 3월 남미 태평양 전쟁의 영웅이라고 표기되어 있다. 칠레와의 이 전쟁에서 볼리비아는 결국 패배하면서 태평양 연안의 영토를 모두 잃고 내륙 국가로 전락하게 되었지만, 패전 장수 아바로아는 볼리비아의 국가 영웅으로 추앙받고 있는 것이다. 라파스 시내에도 아바로아 광장(Plaza Eduardo Avaroa) 등 그의 이름을 딴 명소들이 많다.

선착장 앞 보트에 올라 잠시 후 호수 맞은편에 내렸다. 같은 티키나 마을인데도 방금 건너오기 전 '산 파블로(San Pablo de Tiquina)' 동네보다 훨씬 활기차 보인다. '산 페드로(San Pedro de Tiquina'라고 큼직하게 쓰인 동네 이름 간판도 눈길을 끈다. 장신구나 공예품 등 아기자기한 토속품들을 모아놓은 벼룩시장도 바로 인근이라 여행

티티카카 호수

코파카바나

자들이 몰려 있다.

좀 전 보트에 탔던 시간은 15분에 불과했지만 그건 호수 안에 형성된 폭 좁은 티키나 해협을 건넜기에 짧았을 뿐, 이곳 티티카카(Titicaca) 호수는 바다처럼 넓다. 제주도 면적의 다섯 배에 가깝다. 라틴아메리카 최대의 담수호이자, 상업 화물 선박이 오가는 호수 중에선 세계 최고 높이(3,812m)에 위치한 '하늘호수'라는 점이 티티카카의 특징이기도 하다.

그러나 티티카카를 찾는 여행자들에겐 그런 외형적 유명세보다는 잉카제국의 건국 신화가 깃든 성호聖湖라는 의미가 더 중요하다. 그 옛날 태양신 인티(INTI)는 자신의 아들 망코 카팍(Manco Capac)에게 황금지팡이를 쥐어줘 지상에 내려보내며 그 지팡이가 잘 박히는 곳에 나라를 세우라고 명했다 한다.

여동생 마마 오클로와 함께 지상에 내려온 망코 카팍이 이곳저곳 떠돌다 찾아낸 곳이 '세상의 배꼽'이자 잉카제국의 수도가 되는 쿠스코(Cusco)였고, 남매가 지상에 강림한 곳이 바로 이곳 티티카카 호수

한가운데 있는 태양섬이다.

망코 카팍

티키나 마을 산 페드로 선착장 앞에는 우리의 단군 할아버지격인 잉카 창시자 망코 카팍의 동상(Monumento Manco Kapac)이 서 있다. 오른손에 황금지팡이를 들고 하늘을 향해 두 팔을 크게 벌린 모습이다. '아버지 태양신이시여, 제가 그 땅을 찾았나이다'라고 외치면서 미래에 제국을 이룰 잉카의 후손들에게 안녕과 번영을 기원해주는 듯하다.

선착장 앞에서 버스에 올랐다. 거리 800m의 티키나 해협으로 잠깐 끊어졌다 이어진 2번 국도를 다시 타고 호숫가 산길을 구불구불 오르내려 코파카바나 마을에 도착했다. 멀지 않은 길인데 한 시간 가까이 걸렸다. 호수의 모퉁이에서 가운데 쪽으로 더 나아간 탓인지 코끝을 간지리는 대기는 더 산뜻하고 시야에 들어오는 풍광은 한층 더 맑게 느껴진다.

깨끗한 천연색 건물들이 즐비한 상가 거리는 네팔 포카라 도심을 걷는 듯 전형적인 호반 도시의 모습이다. 넓은 레스토랑에서 점심으로 먹은 송어 요리도 맛있었고, 코파카바나 광장(Plaza Copacabana) 앞 성모 마리아 대성당(Basilica de Nuestra Señora de Copacabana)은 그 규모와 흰색의 아름다움이 우리를 화들짝 놀라게 만들었다.

볼리비아 인구의 90%가 기독교인이라 한다. 원래는 태양신을 믿는 잉카제국의 인디오들이었을 것이다. 생소한 말 위에서 총칼을 휘두르는 스페인 정복자들의 강권에 밀려 개종했을 터임을 미루어 짐작할 수 있다.

코파카바나는 '페루 영토에 붙어 있는 자투리 볼리비아 땅'이라고 표현될 수 있다. 무엇보다도 페루와의 국경이 고작 2km밖에 안 되는 접경지역이다. 타국 페루는 가까우면서 심지어 같은 땅덩어리인데, 자국 볼리비아는 호수를 사이에 두고 멀리 떨어져 있다. 이곳 사람들 생활 습성이나 문화는 페루 쪽에 가까울 듯싶지만 잠깐 여행하는 우리로선 그런 차이를 알아낼 수가 없다.

부둣가에는 티키나 마을에서 만났던 해전 영웅 에두아르도 아바로아의 흉상이 대형 닻 조형물 앞에서 모두의 눈길을 끈다. 칠레에게 바다를 빼앗긴 내륙 국가 볼리비아의 회한과 비애를 엿볼 수 있는 현장이다. 아바로아 흉상 뒤로는 정박한 배 한 척이 길게 줄을 이은 여행자들을 싣고 있다. 망코 카팍 남매가 강림했다는 호수 한가운데의 태양섬(Isla del Sol)과 달섬(Isla de la Luna)으로 건너갈 유람선이다.

우리는 우유니 사막 일정을 위해 어제 여행사 계약 때부터 태양섬 투어는 포기했었다. 이제 다음 일정을 위하여 코파카바나를 떠나야 한다. 버스와 배를 타고 온 길 150km를 그대로 되돌아 나가는 것이다. 잉카인들의 정신적 고향인 티티카카 호수와는 이렇게 반나절 만남으로 아쉬운 이별이다.

에두아르도 아바로아 동상

코파카바나 성모마리아 대성당

㉒
볼리비아
우유니 투어 1일, 기차 무덤과 소금 사막

 어제 오후 2시 20분 코파카바나를 출발한 버스는 1시간 후 티키나 해협을 건넌 뒤 2시간을 더 달려 라파스 버스터미널에 도착했다. 우리는 여유롭게 6시 30분에 우유니행 버스에 오를 수 있었다. 티티카카 호수까지 가서 태양섬을 못 다녀온 게 많이 아쉬웠지만, 내일 아침 우유니에 도착하는 이 버스를 타기 위해선 어쩔 수 없는 선택이었다. 우유니 소금사막(Salar de Uyuni)을 포함하는 2박 3일 투어를 마치면 다시 라파스로 돌아와 페루 쿠스코행 비행기를 탈 예정이다.
 볼리비아 서부 1번 국도를 따라 북에서 남으로 13시간 동안 달린

밤샘 버스는 오늘 아침 7시 반 우유니 마을에 도착했다. 지도상 거리는 서울-부산 고속도로의 1.5배 정도라 5시간 달리면 충분할 듯했는데 13시간이나 걸렸다. 남미 최빈국의 안데스 산악지대 도로 사정을 대변하는 듯하다.

버스터미널(Terminal de buses uyuni)에 마중나와 있던 여행사 사장의 안내에 따라 인근 사무실로 들어갔다. 그저께 라파스 시내 여행사와 계약할 때 우리 돈 1인당 25만 원 상당을 지불했고, 라파스-우유니 왕복 버스비 10만 원을 더하면 이번 소금사막 2박3일 투어에는 1인당 총 35만 원이 들어간다.

봉고차로 우리 투어를 맡아줄 여행사 안데스솔트(Andes Salt Expeditions Tour) 사무실은 버스터미널에서 5분 거리다. 여행사와 식당 등 상가 건물들은 주변에 많지만 한결같이 허름하고 을씨년스럽다. 큰길 옆 비포장도로에선 작은 차량들이 흙먼지 폴폴 일으키며 엉금엉금 기어간다. 이른 아침의 우유니 마을 첫인상은 흑백사진으로 많이 봐왔던 우리네 60년대 소도시 풍경이다.

사무실에서 전반적인 과정을 설명 듣고, 아침 식사까지 마친 후 11시 넘어 봉고차에 올랐다. 차에 좌석 하나 남으니 1명 더 태우게 해달라며 여행사 사장이 부탁조로 통보해왔다. 7인승 봉고차지만 5인의 배낭 부피들이 커서 무척 좁게 느껴지는 터였다. 약속과 다르다며 우리가 궁시렁궁시렁 항의 몇 마디 하다가 깔끔한 차림의 젊은 여성이 차 안으로 밀고 들어오자 모두 화색이 변하며 반기는 눈치다.

우유니 사막 기차 무덤

　23세의 중국인 여학생 시엔 쟝(Xuan Zhang) 양, 미국 유학 중 혼자 남미에 와서 여행 중이라 한다. 사전 예약 없이 이곳 현지에서 투어 신청할 경우 이런 식으로 그때그때 쉽게 끼어들 수 있는가 보다.

　20분 달려 투어 첫 번째 방문지인 기차 무덤(Cementerio de Trenes)에 도착했다. 기차들의 묘지라고도 불리는 곳, 우유니 역에서 남서쪽으로 2.5km 떨어진 사막 지대의 열차 폐차장이다. 기다란 폐철길 위와 주변 일대에 100여 대의 녹슨 열차와 부속 자재들이 널브러져 있다. 일부러 어지럽게 흩어 놓은 것처럼 기관차와 객차와 화물차 등이 제멋대로 방치된 모습이다.

　폐열차 주변을 오가며 서로 각기 사진 찍어주는 여행자들의 경쾌한 모습이 황량한 주변 풍경과 어우러져 기괴한 대비를 이룬다. 오래전 보았던 멜 깁슨 주연의 영화 〈매드 맥스〉의 배경 풍광을 떠올리게 한다. 핵전쟁 이후 인류 문명이 황폐화된 미래의 지구 모습이 이와 같을 것이다.

　기차 무덤에는 30분 머물렀다. 다시 우유니 마을로 돌아온 후 북

우유니 사막 다카르 랠리 기념 조형물

쪽으로 20km를 더 달린 우리는 두 번째 경유지 콜차니(Colchani)에 도착했다. 우유니 소금호수 또는 소금사막으로 들어가는 입구의 작은 마을이다. 수백여 명의 마을 사람들이 매년 수만 톤의 이 일대 소금을 가공하여 생업을 유지한다고 한다.

소금박물관(El Museo de Sal)에서는 소금 벽돌로 쌓은 탑이나 다양한 동물 모양의 소금 조각품들을 만날 수 있었다. 전통 수공예품 가게에서는 우유니 여행을 상징할 만한 소소한 선물들을 몇 가지 살 수 있었고, 가공 공장에서는 소금이 우리 식탁에 올라오기까지의 추출과 정제 등의 여러 과정을 견학할 수 있었다.

콜차니 마을 서쪽으로 4km 지점부터 소금사막 살라르 데 우유니(Salar de Uyuni)가 펼쳐진다. 모래사막이 아니라 소금사막이다. 옛날엔 염분이 많은 호수였고, 지금은 호숫물이 다 말라버려 소금만 두텁게 쌓인 사막이 되어 있는 것이다.

소금사막을 질주하던 우리 차가 멈췄다. 사방에 지평선만 보이는 사막 한가운데에 'DAKAR BOLIVIA'라고 새겨진 거대 조형물이 우람한 모습으로 서 있다. 아르헨티나, 칠레, 볼리비아 3개국 주요 지점을 한 바퀴 도는 9천km 다카르 랠리(Dakar Rally)를 기념하여, 하이라이트 지점이었던 이곳에 세운 기념 조형물(Monumento al Dakar)이다.

조형물 주변에서 다양한 포즈를 취하는 여행자들에 섞여 우리 또한 인증사진 몇 장 찍고, 멀리 신기루처럼 아련히 보이는 뭔가를 향하여 발길을 돌렸다. 비가 좀 와서 지면이 축축했더라면 좋았을 텐데 그러지 못해 아쉬웠다. 만일 그랬다면 소금사막 전체가 거대한 거울이 되었을 터이고, 지평선을 중심으로 멋진 대칭을 이루는 장관도 연출됐을 터였다.

300여 미터를 걸어 도착한 곳은 깃발 광장(Plaza de las Banderas)이다. 수십 개 나라의 국기가 바람에 펄럭이고 수많은 여행자들이 사진찍기에 여념이 없다. 우리 태극기도 두 개나 보여 반가웠다

바로 옆 소금호텔(Hotel de sal) 레스토랑에 모여앉아 라마 스테이크로 점심을 마쳤고, 다시 서쪽으로 60km를 달려 '잉카의 집'이란 뜻의 잉카와시 섬(Isla Incahuasi)에 도착했다. 4만 년 전에는 호수 한 가운데 떠 있는 외로운 섬이었고, 지금은 호숫물이 말라버린 소금사막 한복판에 우뚝 솟아 있는 언덕일 뿐이다.

탈것이 없던 고대 잉카의 전령들이 먼 길을 가며 이 소금사막을 건널 때 임시 피난처로 머물렀던 곳이라 한다. 멀리서 보면 물고기(pescado) 모양을 닮았는지 물고기섬(Isla del Pescado)이라고도 불

린다. 가로세로 각 500m 넓이의 섬에는 큼직한 선인장들이 워낙 많다 보니 '선인장섬'으로 불리기도 한단다.

　섬 언덕 위에 올랐다. 해발 3,700m 위치에서는 고도 차 60m를 오르는 것도 대단한 에너지가 요구된다. 머리가 지끈거리며 고산병 증세가 더 심해졌지만, 눈앞에 펼쳐진 장엄한 풍광이 잠시나마 두통을 잊게 해줬다. 잉카와시 섬의 언덕 위는 우유니 최고의 전망대, 반짝반짝 빛을 내며 드넓게 펼쳐진 소금사막을 360도 파노라마로 조망할 수 있는 위치다. 언덕 아래 빙 둘러가며 주차돼 있는 밴(Van)들은 섬 주변에 정박된 나룻배나 소형 선박들을 닮았다. 사막이 아니라 호수 위 섬에 올라 있는 느낌 그대로다.

우유니 사막 깃발 광장

㉓
볼리비아
우유니 투어 2일, 플라밍고와 콜로라다 호수

 구글 지도로 어제 하루 이동 거리를 가늠해 보았다. 우유니 마을에서 기차 무덤까지 왕복 5km에 콜차니 마을까지 20km 그리고 점심 먹고 소금사막 입구까지는 5km였다. 이어서 소금사막 한복판인 물고기섬까지 70km를 달린 후 남쪽으로 방향을 틀어 소금사막 끝지점까지 40km, 그리곤 일반 사막 지대를 지나고 5번 국도를 따라 숙소까지 40km를 달려왔다. 모두 합치면 총 180km, 이중 우유니 소금사막 안에서의 이동은 70km와 40km를 합친 110km였다.
 어제 물고기섬을 출발하고는 80km 거리를 쉼 없이 2시간 동안

달려왔다. 오후 6시에 도착한 숙소는 산 후안(San Juan) 마을의 피에드라 안디나 호스텔(Hostal Piedra Andina), 우유니 소금사막에서는 40km를 벗어난 지점이다.

엊저녁엔 푼타아레나스를 떠난 이후 나흘 만에 샤워도 하고 손빨래도 좀 해치웠다. 물고기섬 바위 동산에 올랐을 때 아찔했던 고산증세는 섬을 출발한 이후 좀 누그러졌다. 저녁 메뉴는 닭고기 요리에 토마토, 감자, 콩 등이 푸짐하게 나왔다. 고산병에는 음주가 독이기에 가급적 피하려 했지만, 옆자리 유럽 젊은이들이 왁자지껄 와인을 즐기는 게 샘이 나서 우리도 보드카 1잔씩을 주문해 마셨다.

아침 6시 반에 일어나 간단한 식사를 마쳤다. 역시 머리는 개운치가 않다. 약간의 고산증세는 여전한 것이다. 아침 7시 40분에 산 후안 마을을 뒤로하고 이튿째 투어에 나섰다. 7인승 봉고차에는 기사 포함 7인이 각각의 배낭들과 함께 꽉 들어차 있다. 먼지가 많은 지역이라 유리창은 꽉 닫혔고, 선풍기 한 대가 돌아갈 뿐인 공간이다. 우유니 소금사막을 이미 벗어나 일반 사막 지역이다 보니 노면도 울퉁불퉁 거칠고 어제보단 좀 더 불편함이 느껴진다.

30분 후 황량한 사막의 철길 앞에 차가 멈췄고 모두 내렸다. 영어 안내문에선 이곳을 'Ollague Volcano Viewpoint'라고 소개하고 있다. 멀리 봉긋하게 솟아 있는 오야구에 화산이 이 위치의 주인공인가 보다. 우유니 마을에서 이어져 온 철로가 칠레와의 국경인 저 활화산을 향하고 있는데, 볼리비아에서 채취한 광물을 남태평양 해안가 칠

오야구에 화산

레의 어느 항구까지 실어 나르는 기찻길이라 한다. 고전 서부영화 속 배경 장면을 떠올리게 하는 을씨년스러운 풍광이다.

이 일대 또한 '치구아나'라는 지명의 소금사막(Salar de Chiguana)이라지만 규모면에선 우유니 소금사막의 꼬마 동생쯤 돼 보인다. 다시 30분을 달려 멈춘 곳 역시 오야구에 화산 전망대(Mirador Volcan Ollague)이다. 같은 오야구에 산이지만 한층 가까이 다가온 지점이기에 빙하에 뒤덮인 남동벽 일대가 근사하게 조망된다. 특히 수천수만 년 바람에 깎인 듯 기괴하게 변한 바위 위에 올라선 여행자들이 해발 5,865m의 활화산을 배경으로 멋진 포즈를 취하고 있다.

나무 한 그루 없고 작은 풀들만 보이는 광야를 한 시간 가까이 달린 후 카나파 호수(Laguna Canapa)에 도착했다. 그저께 티티카카 이후 처음 만나는 파란 호숫물이 그저 반가웠다. 3개월째 나 홀로 해외여행 중이라는 김명환 씨와의 만남도 반가웠다. 오랜만에 만나는

카나파 호수

한국인이었다. 중국을 시작으로 멕시코, 쿠바, 페루를 거쳐 볼리비아까지 왔는데, 와이파이 되는 곳에서는 자신의 위치와 동태를 꼬박꼬박 아내에게 보고하고 있지만 아무래도 귀국하면 집에서 쫓겨날 것 같다며 농담을 건넨다.

    카나파 호수와 30분 거리인 헤디온다 호수(Laguna Hedionda) 앞 야외 식탁에서 점심을 먹었다. 호숫가 레스토랑인 로스플라멩코스(Los Flamencos Eco Hotel)에서 날라온 라마 요리 등이 푸짐하고 맛있어 보였고, 호수 주변 분위기도 근사했지만, 해발이 좀 높아졌는지 고산 증세가 심해지면서 식욕이 툭 떨어졌다.

    두 개의 호수 카나파와 헤디온다에서는 홍학紅鶴 플라밍고(flamingo)와의 조우에 눈이 번쩍 트이는 느낌이었다. 고원 지대의 탁하고 거친 색상에 익숙해져 있던 시야에 화려한 천연색이 갑자기 훅 들어온 것이다. 만년설을 머리에 두른 고봉 설산들을 병풍 삼아 푸르른 호수가 펼쳐졌고, 그 한가운데에 희고 붉은 새 수십 마리가 무리지어

우유니 투어 2일, 플라밍고와 콜로라다 호수   177

한가로이 노닐고 있었다. '불꽃(flama)새'라는 의미를 지닌 플라밍고들이 날아오르는 모습은 스페인에서 보았던 플라멩코 댄서들의 자태처럼 화려하면서 우아하고 기품이 넘쳤다.

나무 한 그루는 고사하고 풀 한 포기조차 보이지 않는 실롤리(Siloli) 사막을 두 시간을 달리다 만난 '나무 바위(Arbol de Piedra)'는 SF영화 속 우주 어느 혹성에서나 볼 법한 모습이다. 5m 정도의 바위가 지구 중력을 무시한 듯 역삼각형의 위태로운 자태로 서 있다. 수백만 년에 걸친 사막 바람의 침식 작용이 이런 기이한 형상을 만들었다고 한다. '위험, 올라가지 마시오(Peligro, No Subir)'라고 쓰인 팻말이 아니어도 겁 없이 바위에 오를 이는 없을 듯하다.

오후 4시 반에 오늘의 마지막 여정 콜로라다 호수(Laguna Colorada) 입구에 도착했다. 칠레 국경이 10km밖에 안 되는 접경지라서 그런지 호수 입구에서 신상 기록을 써서 제출해야 했다. 곧이어 맞닥트린 풍광은 앞서의 푸르거나 연둣빛이었던 두 호수와는 전혀 딴판이다. 핏물을 들인 듯한 붉은 색조가 얼핏 섬뜩하기까지 했다. 미리 들었던 대로 붉은 호수(Red Lagoon)라고도 불린다는 그 이유가 납득이 된다.

둘레 35km나 되는 방대한 면적의 호수지만 수심은 1m밖에 안 되다 보니 얕은 물속의 미네랄과 퇴적물들 때문에 진한 빨간색과 짙은 파란색을 오가며 화려하게 변한다고 한다. 더욱이 수많은 플라밍고 무리들이 떼 지어 노니는 풍경이 호수의 색감을 더 붉게 물들이고 있

나무 바위

콜로라다 호수

다. 호수 속 풍부한 플랑크톤과 미네랄이 저들 홍학 무리를 이렇듯 끌어들이는가 보다.

온천이나 호수 침전물의 성분 중 하나인 하얀색 붕사(硼砂, borax) 퇴적물이 산과 호수 사이에 길고 두터운 띠를 형성하면서 이곳 풍광을 더욱더 극적으로 연출하고 있다. 예전 누군가의 여행기에서 이 호숫가를 '마법 같은 사색의 장소'라고 표현한 걸 봤었지만 막상 현장에 와보니 절반은 맞고 절반은 틀림을 알 수 있다. 주변 여건과 풍광은 맞는 쪽 절반이지만 사색에 빠져야 할 머릿속은 온통 두통에 시달리고 있다는 점이 반대쪽 절반에 해당한다.

점심 먹기 직전부터 심해진 고산증은 호수 근처에 오면서부터 훨씬 더 심해졌다. 콜로라다 호숫가에 머무른 한 시간 내내 사색은 고사하고 두통에 시달리다가 오후 5시, 호수 인근 숙소로 짐짝처럼 널브러져 들어왔다. 권영기 씨와 이상준 씨는 나와 증세가 비슷했지만 나머지 셋, 윤대흠씨와 유성수 씨 그리고 중국인 학생은 멀쩡했다. 호숫가에서도 셋은 여기저기 누비며 사진도 많이 찍었고, 숙소에 들어와서도 축 늘어진 우리 셋을 걱정할 뿐 본인들은 멀쩡해 보였다.

㉔
볼리비아
우유니 투어 3일, 고산병과 아르세 광장

　간밤은 두통에 시달리며 비몽사몽으로 보냈다. 멀쩡한 대흠 씨가 침대로 날라다 준 저녁 식사도 거의 남겼기에 뱃속은 공복이었고, 성수 씨가 고산증에 좋다며 챙겨준 보온통 온수를 열심히 마셨기에 밤새 화장실도 들락거려야 했다. 밤 9시 넘어서는 발전기를 꺼버리며 전기도 끊겼다. 침낭 속에서도 화장실 갈 때를 대비해 손전등을 꼭 붙들고 잠들어야 했다. 이번 여행 중 최악의 하룻밤이었다.
　콜로라다 호수의 해발은 무려 4,278m, 우유니 소금사막보다 고도 600m 이상을 더 올라온 것이다. 고산증세에 시달릴 이유는 충분

다. 호수 속 풍부한 플랑크톤과 미네랄이 저들 홍학 무리를 이렇듯 끌어들이는가 보다.

온천이나 호수 침전물의 성분 중 하나인 하얀색 붕사(硼砂, borax) 퇴적물이 산과 호수 사이에 길고 두터운 띠를 형성하면서 이곳 풍광을 더욱더 극적으로 연출하고 있다. 예전 누군가의 여행기에서 이 호숫가를 '마법 같은 사색의 장소'라고 표현한 걸 봤었지만 막상 현장에 와보니 절반은 맞고 절반은 틀림을 알 수 있다. 주변 여건과 풍광은 맞는 쪽 절반이지만 사색에 빠져야 할 머릿속은 온통 두통에 시달리고 있다는 점이 반대쪽 절반에 해당한다.

점심 먹기 직전부터 심해진 고산증은 호수 근처에 오면서부터 훨씬 더 심해졌다. 콜로라다 호숫가에 머무른 한 시간 내내 사색은 고사하고 두통에 시달리다가 오후 5시, 호수 인근 숙소로 짐짝처럼 널브러져 들어왔다. 권영기 씨와 이상준 씨는 나와 증세가 비슷했지만 나머지 셋, 윤대흠씨와 유성수 씨 그리고 중국인 학생은 멀쩡했다. 호숫가에서도 셋은 여기저기 누비며 사진도 많이 찍었고, 숙소에 들어와서도 축 늘어진 우리 셋을 걱정할 뿐 본인들은 멀쩡해 보였다.

㉔
볼리비아
우유니 투어 3일, 고산병과 아르세 광장

　간밤은 두통에 시달리며 비몽사몽으로 보냈다. 멀쩡한 대흠 씨가 침대로 날라다 준 저녁 식사도 거의 남겼기에 뱃속은 공복이었고, 성수 씨가 고산증에 좋다며 챙겨준 보온통 온수를 열심히 마셨기에 밤새 화장실도 들락거려야 했다. 밤 9시 넘어서는 발전기를 꺼버리며 전기도 끊겼다. 침낭 속에서도 화장실 갈 때를 대비해 손전등을 꼭 붙들고 잠들어야 했다. 이번 여행 중 최악의 하룻밤이었다.
　콜로라다 호수의 해발은 무려 4,278m, 우유니 소금사막보다 고도 600m 이상을 더 올라온 것이다. 고산증세에 시달릴 이유는 충분했다. 숙소 시설도 마찬가지다. 이 정도 고산 지역에서 샤워도 안 되고, 온수도 제한적이고 9시부터 전기도 끊어지는 등 흙벽돌로 지어진 열악한 숙소 시설은 당연한 것이었다.

어제 호수 입구의 대형 안내판에는 '에두아르도 아바로아 국립 안데스 동물군 보호구역(Reserva Nacional de Fauna Andina Eduardo Avaroa)에 온 것을 환영한다'는 문구가 큼직하게 쓰여 있었다. 이를테면 국립공원인 셈이다. 호수를 포함하는 이 일대의 여러 지도까지 표지판에서 상세하게 확인할 수 있었다.

투어 3일차인 오늘은 이 국립공원의 나머지 남쪽 지역인 칠레 국경 근처까지 내려갔다가 우유니 마을로 돌아가는 날이다. 첫 일정이 여기서 30km 떨어진 고산 지역 '솔 데 마냐나(Sol de Manana)'로 이동하여 새벽 5시 일출을 맞는 것이었다. 미국 옐로우스톤처럼 수많은 간헐천(Geisers)들이 증기를 뿜어내는 곳이라 한다. 일출 시간에는 그야말로 환상적인 장관이 연출되는 모양이다. '아침(manana)의 태양(sol)'이라는 지명만으로도 명소의 의미가 충분히 전달되는 듯했다.

그러나 새벽 3시 반에 일어난 나 포함 세 사람의 고산증세로는 아무래도 무리라 판단되었다. 더구나 일출 명소인 '솔 데 마냐나'의 해발은 무려 4,850m란다. 이 컨디션으로 고도 600m를 더 올라가는 건 도무지 자신이 없었다. 내가 먼저 도저히 안 되겠다고 선언해 버렸다. 영기 씨와 상준 씨는 내심 원하는 바였다며 안도하는 눈치이고, 대흠 씨와 성수 씨는 아쉽지만 다 같이 안 가는 쪽으로 흔쾌하게 결론이 났다. 우리 차에 동승했던 중국인 여학생은 가이드가 나서서 순발력 있게 조치를 취해준 덕에 다른 팀 차량 빈자리에 끼어 일출 명소 '아침의 태양'으로 출발할 수 있었다.

이틀 동안 함께했던 시간에 비하면 예고 없이 급작스럽게 헤어지는 터라 서로 모두 아쉬웠다. 무엇보다도 20대 초반 여학생 혼자서 삼촌이나 아빠뻘 되는 아재들 다섯 틈에 끼어 전혀 불편한 기색 없이 호호깔깔 분위기 끌어가는 모습이 참으로 부럽고 샘이 났다. 서로의 이메일 주소만 교환하고 시엔 쨩 양과 헤어진 후 우리도 5시 못 되어 서둘러 숙소를 출발했다. 아침 식사고 뭐고 다 생략하고 어서 빨리 이곳을 탈출하고 싶은 마음뿐이었다. 해발고도가 좀 낮은 곳으로 내려가야만 두통이 가라앉을 것이었다.

흙먼지만 폴폴 이는 비포장 사막을 3시간 달리다 로카스 계곡(Valle de las Rocas)이라는 곳에 잠시 차를 세웠다. 우유니 3일 투어 마지막 날에 거의 모든 팀들이 들르는 포스트인가 보다. '바위(Rocas) 계곡(Valle)'이라는 지명답게 기묘한 형상의 온갖 암석들이 인공 전시

산 크리스토발 마을(조)

로카스 계곡의 이영철 작가

물처럼 배치되어 있다. 어제 오후 만났던 '나무 바위(Arbol de Piedra)'와 마찬가지로 수백만 년 전의 화산 활동과 그 이후에 이어진 침식과 풍화 작용이 이런 기이한 형상들을 빚어냈는가 보다. 고산증은 아직까지도 여전했다.

콜로라다 호숫가 숙소를 탈출한 지 다섯 시간 만에 해발 3,775m의 산 크리스토발(San Cristobal) 마을에 도착했다. 비로소 정신이 좀 돌아왔다. 고도 차 500m를 내려왔으니 그럴 만했다. 시간은 오전 10시, 나처럼 고산증에 시달렸던 상준 씨가 나보다는 상태가 더 좋아졌는지 일행에 앞서서 마을 여기저기를 기웃거리며 아침 먹거리를 챙겼다.

주민들도 몇 안 보이는 한적하고 황량한 마을이지만 은과 납과 아연을 캐는 광산으로 꽤 유명하다고 한다. 허름한 은행 건물 옆으로 구멍가게와 포장마차들이 듬성듬성 들어선 재래시장 풍경도 꽤나 정겨워 보였다.

도로 여건이 한결 나아진 5번 국도를 타고 12시 좀 지나 우유니 마을에 도착했다. 원래는 5시에 도착해서 2시간 여유 부리다 라파스행 밤샘 버스에 오르는 거였는데, 예정보다 5시간이나 일찍 도착했으니 우유니 마을에서의 체류가 7시간으로 늘어났다. 솔 데 마냐나 간헐천에서의 멋진 일출과 해발 5,000m 고산 온천탕에서의 목욕까지 포기한 아침 다섯 시간이 못내 아쉽고 일행들에게 미안했지만 어쩔 수 없는 선택이었다.

여행사 안데스솔트 사무실에 배낭 일체를 맡겨두고 인근 레스토랑에서 아주 느긋한 점심 식사를 마쳤다. 그리곤 각자 흩어져서 우유니 마을을 둘러보기로 했다. 도로 맞은편은 우유니 기차역이다. 역 앞 팻말에 쓰여 있는 '559.260km'와 '3669.26m' 수치는 라파스까지의 거리와 이 위치의 해발고도를 나타낸 것이다. 그저께 보았던 기차 무덤(Cementerio de Trenes)과는 2.5km로 철길로 연결돼 있다.

우유니 마을의 핵심 구역은 그저께 아침에 내렸던 버스터미널(Terminal de buses uyuni)에서 우유니 역까지 직선거리 500m에 걸친 4개 블록 정도인데, 그 안에서도 중심은 아르세 광장(Plaza Arce)이다. 카페, 레스토랑, 가게 등 여행자들에게 필요한 각종 상가 건물들이 이 광장 주변에 운집해 있다. 정식 지명은 볼리비아 22대 대통령(1888~1892년 재임)의 이름을 딴 아니체토 아르세 중앙광장(Plaza Principal Aniceto Arce)이다.

19세기 말 볼리비아 광산업이 호황이던 시절, 내륙 광물을 라파스와 칠레 항구 등지로 연결하는 데 있어서 우유니가 주요 철도 교차점이자 교통 허브였는데 이에는 아르세 대통령의 역할이 컸다고 한다. 그러나 1940년대 광산업 붕괴와 함께 철로 운송이 대폭 줄어들

우유니 마을 전통시장

면서 그저께 본 것처럼 수많은 기관차와 객차들이 버려져 기차 무덤이 된 것이다. 아르세 광장 주변으로는 열차 폐자재로 제작한 정크 아트물이나 철도 관련 다양한 조형물들이 여행자들 눈길을 끌어모은다. 그 옛날 철도업이 번성하던 시절에 대한 이 지역 사람들의 향수를 엿보는 듯하다.

광장 바로 옆에 설치된 다카르 랠리 기념물(Monumento al Rally Dakar) 역시 마찬가지다. 우유니 사막 복판에 세워졌던 조형물의 축소판이다. 세계적 행사로 전 세계의 이목을 집중시켰던 몇 년 전의 영광스런 추억을, 이 지역 외로운 주민들은 길이길이 간직하고 싶은 것이다.

바로 옆 시계탑(Reloj Central)은 우유니 마을의 랜드마크다웠고, 버스터미널 옆의 우유니 대성당(Catedral de la ciudad de Uyuni)은 그 외양이 군계일학처럼 화려했다. 온갖 과일과 수공예품 등 잡화로 가득한 우유니 전통시장(Mercado Central de Uyuni)은 외지인 여행자와 원주민 상인들의 만남과 교류의 장인 듯 정겨웠다.

아르세 광장 조형물들

페루

페루
쿠스코 도심 역사 지구

　엊저녁 7시 반 버스로 우리는 우유니 마을을 떠났다. 알티플라노 고원(Altiplano Plateau)은 어제 새벽 떠나온 콜로라다 호수에서 안데스 산줄기를 따라 북쪽 티티카카 호수까지 길게 뻗어 있다. 세계에서 티베트 고원 다음으로 가장 넓은 이 고원의 한가운데를 3일 전 올 때와는 방향만 거꾸로인 채 밤새워 달렸다.

　남미 여행에서 숙박까지 겸하는 밤샘 버스는 역시 가성비 갑이다. 벌써 4번째 타보는 지라 적응도 잘 되어 있었다. 10시간 동안 별다른 불편 없이 푹 자다가 오늘 새벽 5시 반, 라파스 버스터미널(Terminal

설산 일리마니

De Buses Lapaz)에 내렸다. 바로 이어 택시 한 대에 다섯이 끼워 타곤 인근 엘 알토(El Alto) 공항에 6시 못 되어 도착했다. 페루 쿠스코행 비행기 출발까지는 4시간 넘게 여유가 있었다. 대합실 식당에서 오믈렛과 계란과 과일 샐러드로 느긋한 아침 식사를 즐겼다.

공항 2층 창문으로 펼쳐진 설산 일리마니(Nevado de Illimani)의 자태가 한 폭의 수채화 같다. 해발 6,438m의 삼각형 봉우리가 라파스 시내 전체를 감싸는 모습은 어쩜 그렇게도 네팔 포카라의 마차푸차레와 쌍둥이처럼 닮았을까?

이제 곧 볼리비아와도 이별이다. 생각해보니 4일 전 티티카카 호수 투어는 우유니 사막 다녀온 후 볼리비아에서의 마지막 일정으로 진행했더라면 더 좋았을 뻔했다. 쿠스코와 티티카카 호수의 위치상 그게 더 효율적인 동선이 되고 시간도 절약되었겠음을 뒤늦게 알게 됐다. 새벽 5시 쿠스코에 도착하는 밤샘 버스가 코파카바나에서 오후 5시에 상시 운행되고 있었던 것이다. 만일 그랬더라면 티티카카 호수에서 오후 서너 시간 더 여유가 생기니 태양섬과 달섬 투어도 가능했을 터이고, 전후 일정과 여행 동선도 더 심플하고 효과적이었을 것이다. 인생사 그렇듯 여행도 늘 선택이 변수가 된다. 가끔씩 생기는 이런 시행착오는 아쉽지만 어쩔 수는 없는 듯하다.

 10시 10분 엘 알토 국제공항을 이륙한 비행기는, 현지 시간 10시 25분 알레한드로 벨라스코 아스테테 국제공항에 착륙했다. 라파스와 쿠스코의 시차 때문에 페루 여행 시간이 덤으로 1시간 더 늘어났다. 쿠스코 공항의 기다란 명칭은 인류 최초로 안데스를 넘은 페루 비행사 알레한드로 벨라스코 아스테테(Alejandro Velasco Astete)의 이름에서 유래한다. 1925년 8월 리마에서 쿠스코까지 안데스 횡단 비행에 성공한 그는 한 달 후 다른 비행을 시도하다 사고로 사망했다.
 28세 젊은 나이에 세상을 떠난 페루 영웅의 공항은 도심에 가까웠다. 5km쯤 되는 거리를 달려 택시가 도착한 곳은 쿠스코 여행자들의 방문 영순위인 아르마스 광장(Plaza Mayor de Cuzco)이다. 그러나 우리의 우선 관심은 다른 곳에 있었다. 광장 골목을 기웃거리다 쉽게 찾아낸 한인 민박 사랑채(Sarangche)에 기분 좋게 여장을 풀었다.
 빨랫감을 자동세탁기에 맡기는 등 배낭의 짐들을 완전히 해체하기는 푼타아레나스를 떠난 이래 거의 일주일 만이다. 게다가 정통 우리 음식을 먹어본 지는 인천공항을 떠난 이래 25일 만이다. 사랑채에서 운영하는 식당으로 자리를 옮겨 제육볶음과 상추와 생선구이

등에 '쏘맥'까지 곁들인 점심 식사는 우리 모두에게 흡족한 포만감을 안겼다.

    오후 일정은 쉬든지 돌아다니든지 각자 알아서 하는 걸로 하고 오후 두 시 갓 넘어 나 혼자 아르메스 광장으로 나왔다. 광장 주변 인포메이션 센터로 들어갔다. 4시간 정도 걸어서 쿠스코 도심 주요 지역들을 둘러보고 싶다고 말했다. 더듬거리는 나의 초보 영어는 쉽게 통했고, 직원은 친절했다.

    매일 수없이 응대해왔던 것처럼 자동적으로 지도 한 장을 펼쳐놓고 볼펜으로 체크해준다. 쿠스코 도심 역사지구(Centro Historico De Cusco)를 시계 반대 방향으로 한 바퀴 돌아서 저녁 무렵 이곳 아르마스 광장으로 원점 회귀하는 게 좋겠다는 제안이다.

    아메리카 대륙 통틀어 가장 위대한 제국의 수도였던 도시, 지금으로부터 500년 전 인구 수천만의 대제국 황제가 고작 200명도 안 되는 스페인 용병들에게 붙잡혀 죽임을 당하기 전까지 이곳 쿠스코는 잉카인들에겐 '세계의 배꼽'이요, 세상의 중심이었다. 그러나 지금의 쿠스코는 잉카제국 원래의 토속 문명은 흔적만 남아 있고, 유럽인들의 기독교 문명이 완벽하게 덧씌워진 모양새다.

 아르마스 광장에서 남서쪽으로 300m만 걸어봐도 실감된다. 산 프란시스코 교회(Iglesia de San Francisco de Asis)를 시작으로 산타 클라라 교회(Iglesia y Convento de Santa Clara)와 산 페드로 성당(Iglesia de San Pedro) 또는 유서 깊은 수도원 건물 등이 각기 크고 작은 광장이나 공원을 하나씩 끼고 있으면서 자신들의 위용을 과시하고 있다. 잉카의 중심에 잉카는 보이지 않는다. 대신에 잉카 정복자들의 기독교 문명만 넘쳐난다.

 산 페드로 성당 옆에 기다란 건물로 서 있는 산 페드로 중앙시장

아르마스 광장

(Mercado Central de San Pedro)에 들어서면 비로소 인디오 잉카인들의 현장에 다소나마 가까워진다. 1925년에 지어졌다고 하니 100년 전통의 재래시장이다. 쿠스코에선 가장 오래되고 가장 큰 시장인 만큼 여행자와 현지인들로 북적인다.

라마 털로 만든 직물 의류나 각종 장신구 등 원주민들의 핸드메이드 제품들은 물론 야채와 과일 그리고 온갖 먹거리로 넘쳐나는 식당들이 섹션별로 즐비하다. 어제 새벽까지 콜로라다 호숫가에서 고산병으로 애를 먹었는지라 모레부터 이어질 잉키 트레일에 대비해 코카 잎을 소량 구입해 봤다. 여기선 코카 잎으로 우린 차를 마시는 게 고산병 퇴치에 즉효라는 말을 들었기 때문이다.

산 페드로 시장 동남쪽 '영웅들의 거리(Paseo de los Heroes)'는 도심 정원처럼 꾸며진 호젓한 산책로였다. 잔디와 꽃밭이 어우러진

산 페드로 중앙시장

아르마스 광장 파차쿠티 동상

사이사이로 공군 영웅 호세 퀴뇨네스 (Jose Quinones) 등 페루의 국가 영웅들을 만나는 곳이다. 칠레와 치른 남미 태평양 전쟁의 영웅 프란시스코 볼로네시(Francisco Bolognesi)의 동상에 새겨진 그의 마지막 말도 눈길을 끈다. '마지막 탄약통이 소멸될 때까지(Hasta Quemar El Ultimo Cartucho)'.

센트로 역사 지구를 시계 반대 방향으로 거의 한 바퀴 돌 즈음 아툰 루미요크 거리(Calle Hatun Rumiyoc)에서 그 유명한 12각 돌(Pierda de los 12 angulos)을 만났다. 석벽 구조에 들어맞게 돌을 다듬어 12개 각을 만들었다. 좁은 골목길을 따라 길게 늘어선 석벽, 그 석벽을 이루는 수많은 바위들 사이사이가 종이 한 장 들어갈 틈도 없이 촘촘하다. 잉카인들의 석조와 건축 기술이 얼마나 정교했는지를 단적으로 보여주는 현장이다.

아르마스 광장까지는 200m, 어느새 어둠이 깔린 벽돌길 위로 가로등과 상가 불빛들이 반사되며 몽환적인 분위기를 자아내고 있다.

루미요크 거리

아르마스 광장

(26) 페루
쿠스코 외각 잉카 유적

 '아르마스 광장(Plaza de Armas)'의 원래 의미는 '군부대(arma) 주둔 광장(plaz)'쯤 되겠다. 중남미와 스페인 등지엔 아르마스 광장이 지명인 곳들이 꽤 많다. 군사적 요충지였던 이곳들 주변으로 각종 편의시설과 건물들이 들어서며 점차 그 지역 고유명사로 굳어진 것이다. 일주일 전에 떠나왔던 푼타아레나스의 아르마스 광장엔 마젤란 동상이 있었고, 칠레 수도 산티아고의 아르마스 광장엔 이 도시를 처음 건설한 스페인 정복자 페드로 데 발디비아(Pedro de Valdivia)의 기마상이 서 있다.

 그리고 이곳 쿠스코 역사 지구의 아르마스 광장 복판에는 잉카제국의 가장 위대했던 황제 파차쿠티 유판키의 동상이 장엄한 모습으로 서 있다. 그러나 이 광장 주변에는 잉카 역사의 비운이 곳곳에 서려 있다. 대제국 잉카를 단숨에 무너트린 스페인 정복자들이 제국의 중심이었던 이 광장 주변에서 잉카의 흔적들을 허물어내고 그 위에 중세 유럽풍의 기독교 건축들로 채워 넣은 것이다.

 아르마스 광장 동편에 인접한 쿠스코 대성당(Catedral del Cuzco)이 대표적이다. 원래는 키스와르칸차(Kiswarkancha)라는 잉카의 신전 자리였다. 잉카인들이 숭배했던 창조의 신 비라코차(Viracocha)와 태양신 등을 모셨던 신전을 허물고 그 자리에 100여 년 동안 공을 들여 대성당을 지은 것이다.

 광장 남쪽에 인접한 라콤파니아 데 헤수스 교회(Iglesia de la Companía de Jesús)와 산타 카탈리나 수도원(Monasterio de

Santa Catalina)은 모두 잉카 황제들이 살았던 궁전을 허물고 유럽인들이 새로 지은 종교 건축물들이다. 12각 돌 석벽이 있던 대주교 본당(Palacio Arzobispal del Cuzco) 건물 역시 잉카 황제들이 살았던 궁전 자리였다.

이렇듯 잉카의 중심에 온 쿠스코 여행자들은 12각 돌 같은 잉카 유적은 극히 일부일 뿐, 대부분은 잉카 정복자들이 재창조해 놓은 유럽인들의 유물을 만난다. 어쩌면 쿠스코에서 잉카 비운의 역사를 만나는 것인지도 모른다. 그러나 여행자들은 이런 역사의 비운과는 상관없이 광장 자체의 아름다움에 취한다. 지난밤의 아르마스 광장은 유럽 여느 도시와도 비교할 수 없는 묘한 분위기로 가득했다. 표현할 수 없고 형언할 수 없는 아름다움이었다.

11월 28일 토요일 아침 8시, 한인 민박 사랑채 식탁에 한국인 11명이 모여앉았다. 오늘은 우리 5인방의 막내 유성수 씨의 생일날, 주인장 부부와 투숙객 전원이 함께 축하해주는 아침 식사 자리가 되었다. 이번 여행에서 허울만 리더인 나를 대신해 모든 예약과 경비 관리 등 실무 일체를 도맡아 챙겨주는 막내님이기에 나로서는 어떡하든 축하 겸 고마움의 성의 표시를 해야 했는데, 사랑채 사모님이 그 역할을 대신해 주셨다. 정겨운 미역국에 풍성한 아침 성찬이 준비되었고, 식사 후 케이크 커팅까지 구색이 맞춰졌다.

아르마스 광장 골목 한 켠의 사랑채는 한국인 쿠스코 방문자들에겐 사랑방 같은 공간이다. 같은 장소에서 한인 식당까지 운영하는 길

동수·박은미 씨 부부는 2000년대 초반 코이카(KOICA) 단원으로 이곳에 왔다가 맺어진 인연이라고 한다. 우리 일행 중 윤대흠 씨가 어떻게 알았는지 KBS TV 인간극장에 나온 분들이라며 유튜브를 켰다. 검색창에서 '인간극장 안데스의 사랑채 부부'를 치자 여러 편에 걸친 부부의 이야기 섬네일들이 떴다. 지구 반대편 이역만리에서 여행 같은 삶을 살아가며 봉사와 애국과 사랑을 동시에 실천하고 있는 부부의 모습이 새삼 아름다워 보였다.

투숙객 중 김홍철·강점미 씨 부부는 잘 다니던 직장을 그만두고 전셋집 빼서 세계여행 중이란다. 꼬박 12개월째 온갖 나라들을 누비며 해외살이를 하고 있지만 조금도 피곤한 구석 없이 저렇게 건강하고 밝은 웃음을 지을 수 있다는 게 나로선 경이롭게 느껴졌다.

그리고 20대 한국 여성 둘, 김엄지 씨와 조수현 씨의 이야기도 신선했고 나의 젊은 시절과 비교되어 속으로 기특하고 대견하게 느껴졌다. 특히 조수현 씨는 학기제 프로그램으로 한 학기 동안 쿠스코에서 봉사활동 중인데, 지금까지 두 달째 페루인들에게 한국어를 가르치고 있다고 한다. 쿠스코가 너무 좋아서 얼마큼 더 머물 예정이라고 덧붙인다.

오늘도 어제처럼 각자 취향대로 여기저기 둘러보기로 하고 혼자 길을 나섰다. 나는 쿠스코 근교의 잉카 유적들을 둘러보는 4시간짜리 투어에 참여한다. 삭사이와만, 겐코, 땀보마차이, 푸카푸카라, 이렇게 4군데를 어제 인포메이션 센터 직원이 추천해 줬고 그대로 따르는 거다. 숙소에서 5분 거리인 레고시호 광장(Plaza Regocijo)에서 오전 10시에 출발하는 투어버스에 올랐다.

아르마스 광장에서 북쪽으로 꾸불꾸불 2km 올라간 드넓은 평원에 삭사이와만(Saqsaywaman)이 자리잡고 있었다. 옛 잉카의 요새였다고 하지만 성스러운 종교 시설의 기능도 했다고 한다. 100톤에

삭사이와만

서 200톤 급의 거석들이 3단으로 쌓이며 스물두 번에 걸친 지그재그로 400m 가까이 이어졌다. 매일 3만여 명의 인원이 동원되어 80년에 걸쳐 지어졌다고 한다.

 사람 키 두세 배의 거대한 바위들을 어디서 어떻게 운반해 왔는지도 궁금했지만 이들 하나하나를 섬세하게 깎고 다듬어 성채로 쌓아 올린 그 기술이 신비롭기만 하다. 특히 각 바위들이 회반죽 등 접착성 물질 없이 그냥 그대로 맞물려 있는 구조다. 정교함의 극치를 보여주고 있다. 어제 도심 역사지구에서 만난 12각 돌에 이어 중후장대하고 섬세한 잉카인들의 석조 건축 기술에 놀라움을 금치 못하게 되는 현장이다.

 원래는 어마어마하게 많은 성벽이 쌓여 있었지만, 어제 아르마스 광장 등지에서 본 것처럼 스페인 정복자들이 잉카의 신전 등 시설들을 허물고 그 위에 자신들의 궁전이나 대성당 등을 재건축하면서 엄청난 분량의 바위들을 옮겨갔다고 한다. 쿠스코는 퓨마의 형태를 띠

고 있는데 아르마스 광장이 그 심장에 해당하고 이곳 삭사이와만은 머리 부분이라고 한다.

　삭사이와만에서 28G 도로를 따라 북쪽으로 5km 올라가면 해발 3,820m의 땀보마차이(Complejo Arqueológico de Tambomachay)다. 잉카제국 시절의 잉카 로드는 콜롬비아에서 시작되어 에콰도르를 지나 이곳 페루를 거쳐 칠레까지 수만 km 이어진 길이었는데, 그중 쿠스코를 중심으로 한 핵심 구간에는 약 20km마다 역참驛站 또는 지금의 고속도로 휴게소 같은 쉼터가 있었다고 한다.

　'성스러운 샘물'이 솟아나는 곳으로 인식되던 이곳 땀보마차이는 당시 잉카 로드의 여러 쉼터들 중 하나였다. 지금도 샘솟고 있는 두 군데 샘물이 남아 있지만 당시로선 풍부한 수량의 샘물이 솟아나서 귀족들의 휴양처로도 유명했다고 한다.

바로 인접한 푸카푸카라(Centro Arqueológico Puka Pukara)는 쿠스코의 북쪽을 지키던 경비대의 주둔지였다. 사방을 조망하기 좋게 시야가 탁 트인 위치다.

마지막으로 들른 곳은 겐코(Complejo Arqueológico Q'enco), 잉카인들이 제례를 지내거나 시신을 처리했던 곳이다. 원래 그 자리에 있던 어마어마한 바위를 깎고 다듬어 미로와 동굴을 만들고 그 안에 재단을 뒀다. 시신을 방부 처리하거나 미라로 만들어 이곳 지하 동굴에 보관해두면 사후 세계로 연결된다는 믿음이 있었는가 보다. 또는 멜 깁슨 감독의 영화 〈아포칼립토〉의 한 장면처럼, 살아있는 인간의 심장을 도려내 신에게 재물로 바치는 의식을 바로 여기에서 치렀을지도 모른다.

남미 여행 와서 처음으로 현지 가이드의 설명을 들었다. 영어 듣기에 한계는 있었지만 역시 큰 도움이 되었다. 내일부터 진행될 3박 4일 잉카 트레킹은 현지 가이드는 물론이고 숙박과 삼시 세끼를 위한 포터들까지 동원되는 100퍼센트 패키지 투어다. 해발 4,200m 고산 지역까지 올라야 하는데 얼마 전 우유니에서 겪은 것처럼 고산병을 여하히 잘 극복해야 하는 게 숙제다.

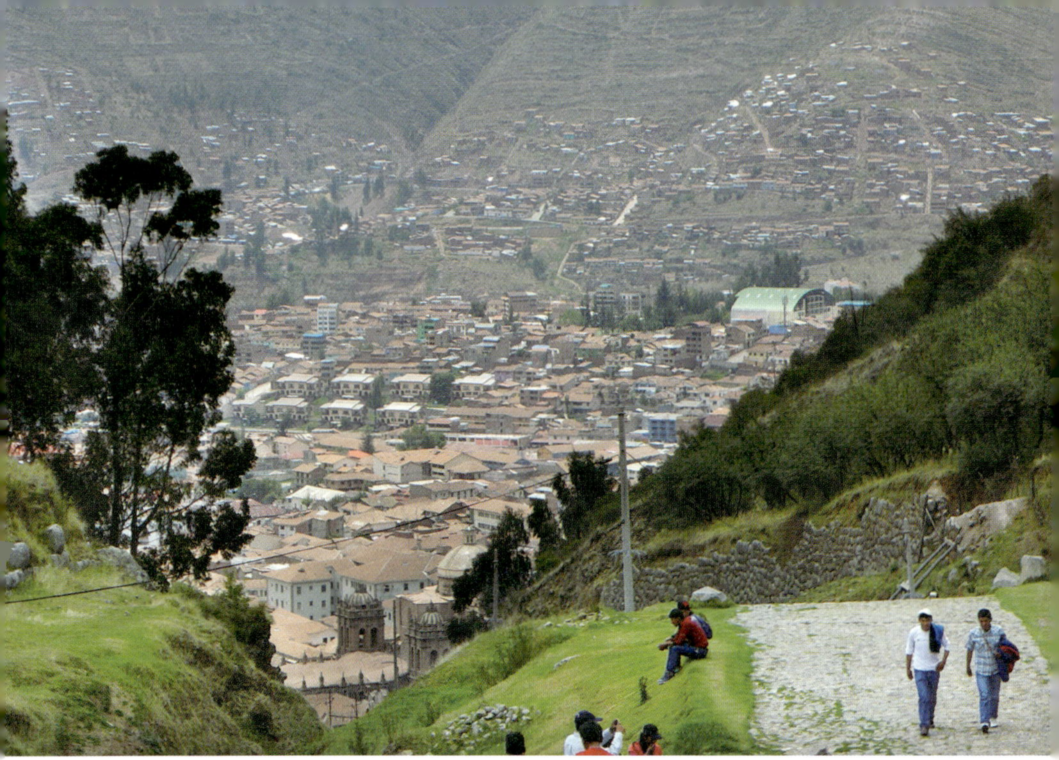

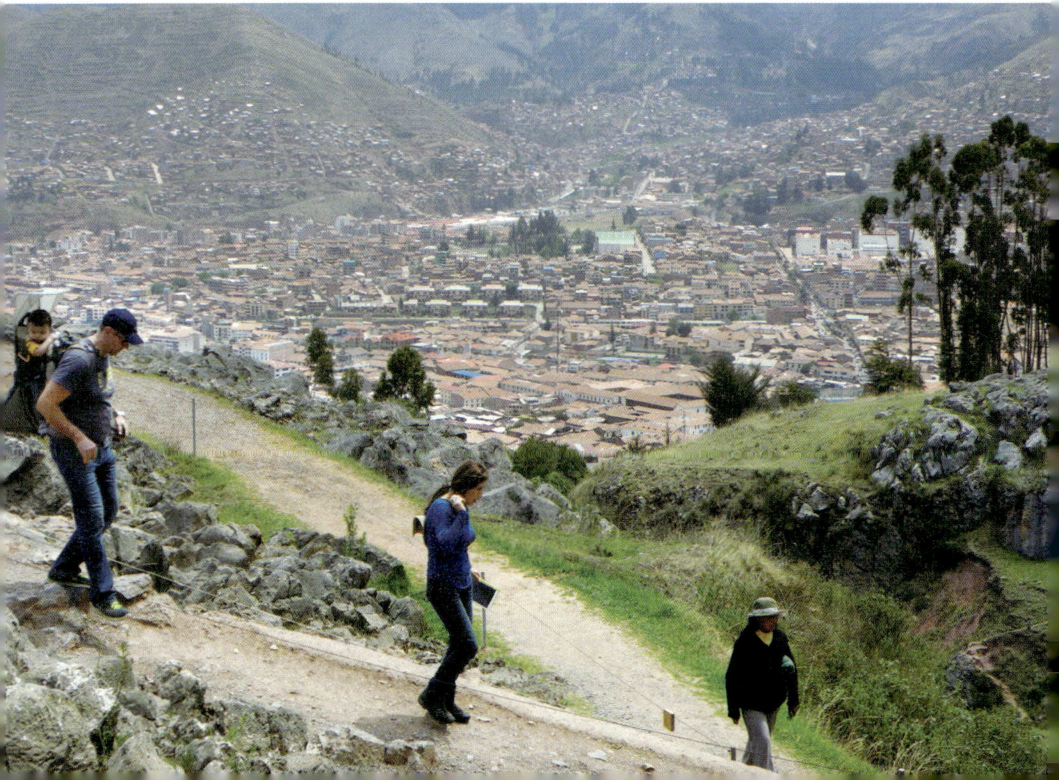

페루

잉카 트레일 1일, 와일라밤바 직전

어제는 겐코에서 투어를 끝내고 숙소까지 거의 두 시간을 천천히 걸어 내려왔다. 말 같은 탈것이라곤 전혀 없던 시절, 제국의 전령傳令들이 오롯이 두 다리만으로 먼 길을 걸어 뭔가를 전달하는 길 잉카 로드(Inca Road, Camino Inca)의 극히 일부 구간을 나도 걸어본 셈이다.

도중에 잠시 쉬었다 온 산크리스토발 성당 앞 광장 전망대(Mirador de Plaza San Cristobal)는 쿠스코를 한눈에 내려다볼 수 있는 아주 적절한 위치였다. 거리 500m 떨어진 아르마스 광장과는 고도 차이가 150m쯤 되는 언덕 지점이다. 적갈색의 작은 집들이 촘촘히 들어선 풍경, 쿠스코 여행 사진들에서 익히 봐왔던 모습들을 두 눈으로 확인할 수 있는 현장이었다. 아르마스 광장까지 내려올 때의 좁고 가파른 벽돌길 또한 잉카 로드의 미니트레킹 운치를 한껏 살려줬다.

11월 29일 일요일, 잉카 트레킹이 시작되는 첫날이다. 새벽 4시에 일어나 서둘렀고, 아르마스 광장에서 출발하는 5시 30분 버스에 올랐다. 그저께 저녁에 숙소 사랑채까지 찾아와 3박 4일 일정에 대해 상세하게 알려준 여행사 직원의 안내대로다.

두 시간 이상을 달린 버스는 7시 50분, 잉카 트레일의 관문 마을인 오얀따이땀보(Ollantaytambo)에 우리를 내려줬다. 아예 내린 건 아니고 한 시간 동안 머물며 아침 식사도 하고, 오지 트레킹을 위해 혹시나 빠트린 게 있으면 구입하는 등 마지막 준비를 마치는 곳이다. 해발 2,600m 마을이니까 쿠스코보다는 800m 더 저지대로 내려온 셈이다.

어제 들렀던 땀보마차이의 '땀보(tambo)'가 역참이나 휴게소 또는 숙박소 등의 의미인 것처럼 이 마을 오얀따이땀보 또한 그 옛날엔 같은 역할을 했던 곳이었고, 지금은 잉카 문명의 유적지로 유명세를 타고 있다.

마추픽추 관문 마을인 아구아스 칼리엔테스까지 산악 열차로 이어지기 때문에 마추픽추를 찾는 많은 여행자들이 이 마을을 거쳐간다. 잉카 트레킹보다는 다른 지역 여행을 위해 숙소에 남은 권영기 씨도 사흘 후 우리와 합류하기 위해 아마도 이 마을을 지날 것이다.

피스까꾸쵸

　아침 식사 등을 마치고 다시 버스에 올랐다. 포장도로는 이미 끝났고 울퉁불퉁 좁고 험한 길을 40분을 달려 트레킹 출발지인 피스까꾸쵸(Piscacucho) 마을에 최종 도착했다. '쿠스코까지 81.7km, 해발 2,667m'라고 쓰여진 녹색 이정표가 현 위치를 설명해주고 있다.
　우리 패키지팀 13명 전원이 공터에 모여 각자의 배낭을 풀어 최종 점검하는 시간이다. 가이드가 나서서 짐 일부 또는 배낭을 통째로 포터에게 맡길 사람들 신청을 받았다. 나는 침낭과 점퍼 하나를 포터에게 맡기기로 하였고, 우리 돈으로 하루 1만 원 정도씩 4만 원 가량을 페루 화폐로 지불했다.
　오전 10시 20분, 쿠스코까지의 거리 82km 지점인 'Point km82'에서 강변을 따라 트레킹을 시작했다. 우루밤바 강(Rio Urubamba)의 흙빛 탁류는 대양의 성난 파도처럼 거셌다. 상류에서부터 빗물에 씻겨 내려온 검붉은 토사들이 강바닥으로 가라앉을 틈도 없이 격한 물살에 휩쓸려 하류로 밀려간다.

잉카 트레일 입구

    강물 위 구름다리 옆 작은 건물에 막혔는지 앞서간 인원들이 길게 줄을 이뤄 멈춰 있다. 공항 입국 심사대 앞과 닮은 풍경이다. 입산 인원의 숫자와 신분을 확인하는 체크포스트에서 유일하게 나만 통과가 허용되지 않았다. 쿠스코 민박집에 맡겨둔 짐 속에 여권을 두고 왔기 때문이다. 깜빡 잊은 게 아니라 핸드폰에 찍은 여권 사진으로 4일간 문제없을 줄 잘못 판단한 것이다.

    그저께 저녁 설명회 때 가이드가 분명히 '여권 지참 안 하면 못 들어간다'고 얘기했을 터인데 나는 머릿속에 무슨 생각을 하고 있었는지 놓쳤던 모양이다. 숙소에 남아 있는 권영기 씨가 사흘 뒤 마추픽추 올 때 내 여권도 가져다주면 그때 사후 신원 확인하는 걸로 하고 맨 꼴찌로 통과가 되었다. 물론 가이드가 나서서 중재해 준 덕택에 가능한 일이었다.

    비로소 우루밤바 강 위 잉카 트레일 입구 구름다리(Bridge of Inca trail Gate)를 건널 수 있었다. 강 맞은편 철길을 따라 산악열차 한 대가 시원하게 달리고 있다. 1시간쯤 뒤 마추픽추 인근 마을에 도착할 열차다. 우리는 사흘 뒤 아침 햇살을 맞으며 마추픽추와 조우할 것이다. 더구나 나는 이렇게 일행 중 맨 꼴찌로 뒤쳐진 채 초장부터 허겁지겁이다.

앞서간 일행들은 20분 후에 겨우 따라잡을 수 있었다. 이것도 물론 가이드의 능숙한 길 안내 덕이다. 미안하다는 말을 반복하는 나에게 가이드 에르모 까스띠요(Hermo Castillo) 씨는 연신 웃으며 'No problem!'을 외쳐주지만 내심 '당신 같은 사람 꼭 한 명씩 있습디다'라며 한마디 하고 싶었을 것이다.

하루 500명 이내로 출입이 제한되고 그것도 가이드와 수많은 포터들을 제외하면 외지인 출입 가능한 인원은 300여 명에 불과하다. 거기에 이렇게까지 철저하게 신분 확인을 하는 걸 보면 잉카 트레일 환경이 얼마나 소중하게 관리되고 있는지를 새삼 실감할 수 있다.

왜소한 인디오 포터들이 자기 키보다 훨씬 큰 배낭을 짊어진 채

총총걸음으로 앞질러 간다. 패키지 트레커들이 3박 4일 동안 먹고 자는 데 필요한 식자재 등을 지고 나르는 것이다. 당나귀에게 무거운 짐을 지게 한 자유로운 인디오 한 명이 콧노래 흥얼거리며 곁을 지나기도 한다.

오른쪽 계곡으로 흐르던 우르밤바 강과 완전히 헤어지고 나면 잠시 후 잉카 첫 유적지 윌까라까이(Willcaraqay)에 도착한다. 견고하고 촘촘하게 쌓아진 성벽들이 오랜 세월에 걸쳐 조금씩 허물어지고 있는 듯하다. 길 오른편 수백 미터 절벽 아래로는 장관이 펼쳐진다. 작은 가옥 십여 채가 보이는 농촌 마을 파타야타(Patallacta)이다. 우리 남해의 가천 다랭이 마을 같은 계단식 밭이 장대한 풍광을 보여준다. 그 옛날 마추픽추를 건설하던 사람들이 이곳에서 밭을 일구며 살았다고 한다.

오후 3시가 다 되어 점심 먹을 장소 따라요(Tarayoc) 마을에 도착했다. 벽돌 위에 양철을 얹은 허름한 가옥 몇 채가 들어서 있고 그

따라요 마을

 앞으로 시냇물이 흐른다. 시냇물이라기보다는 엄연히 이름이 있는 강, 얼마 전 헤어진 우루밤바 강의 여러 지류들 중 하나인 쿠시차카 강(Rio Cusichaca)이다.

 강가 넓은 공터에 간이 텐트 몇 개가 쳐져 있고 그 안에 식탁이 보인다. 먼저 와서 역시 점심을 기다리는 다른 팀 멤버들 대여섯 명이 모여 앉아 노래를 흥얼거리고 있다. 음악에 관심 많은 윤대흠 씨가 배낭 진 채 다가가 몇 마디 말을 붙이더니 금세 친해졌는가 보다. 미국 필라델피아에서 왔다는 흑인 청년 다니엘의 우쿨렐레 반주에 맞춰 비틀즈의 렛잇비(Let It Be)를 신나게 불러 젖혔고 주변 트레커들의 박수 세례와 앙코르 신청까지 받았다.

 닭고기 스프와 스파게티 등이 나온 식단은 그다지 입맛에 맞진 않았지만 늦은 점심이라 대충 먹어 치웠다. 우리의 막걸리 같은 옥수

하툰차카 마을 캠핑장

수 술도 한 사발 사 마셨으나 너무 신맛이라 절반은 남겼다.

4시 40분에 점심 장소 따라요 마을을 출발하여 고작 1시간 걷고, 하툰차카(Hatunchaca) 마을 캠핑장으로 들어섰다. 원래는 1km쯤 더 올라가서 와일라밤바 마을 캠핑장에 숙박할 계획이었지만, 일몰 시간을 고려하여 이곳으로 바꿨다는 게 가이드의 설명이다.

♣ 1일차 (10km) :

   K82 피스카쿠초(Piscacucho K82, 2680m) - 5km

→ 윌카라까이(Willcaraqay, 2750m) - 2km

→ 따라요(Tarayoc, 2800km) - 3km

→ 하툰차카(Hatunchaca, 2900m)

월까라까이 절벽 아래로 보이는 농촌 마을 파타악타

페루

잉카 트레일 2일, 죽은 여인의 고개

어제는 우루밤바 강과 헤어진 후 지류인 쿠시차카 강 계곡을 따라 걸었다. 따라요 마을에서 점심을 먹고 이곳 하툰차카 마을 캠핑장에서 멈췄다. 무거운 짐을 잔뜩 짊어지고 앞서 온 포터들이 우리 팀 인원에 맞게 2인용 텐트 7개를 미리 쳐둬 놓았었다. 별도 식당 텐트에서 전원이 붙어 앉아 도란도란 이야기 나누며 차 한 잔을 마시다 저녁 식사까지 이어졌다. 우리 일행 5명을 포함해 유럽과 미국 등 다국적 인원 13명이 모인 자리다. 능숙한 가이드의 분위기 주도로 오랜만에 만난 동창회 모임처럼 자연스레 대화가 이어졌다.

포터들이 짊어진 배낭이 너무나 커서 놀랍고 한편 미안한 마음이 든다는 윤대흠 씨의 말에 가이드는 그런 마음 가질 필요 없다고 했다. 이곳 하툰차카 등 여러 마을에서 동원되는 인디오들이고 편안한 마음으로 이 길을 걷는 게 그들을 도와주는 거라고 말했다. 기본 농사 이외에 포터 일 겸하며 캠핑장과 음식을 제공하는 것이 그들에겐 중요한 수입원이니 각자는 서비스업 비즈니스에 충실하고 있다는 말이다.

잉카 트레킹 첫날인 어제는 총거리 10km에 해발 고도 차 200m를 올라왔다. 오전 10시 20분에 출발하여 점심과 휴식에 거의 2시간 합쳐 총 7시간이나 걸렸으니 매우 천천히 느긋하게 이동한 셈이다. 전혀 힘들지 않았고 편안한 첫날이었다. 문제는 오늘이다. 가장 빡세고 힘이 들 하루를 앞두고 있다. 더구나 비까지 주룩주룩 내리고 있다. 화창했던 어제와는 너무나 다르다. 밤사이 텐트에 부딪히는 빗소리가 자장가처럼 들렸고, 잠결에도 '비 오면 안 되는데…' 걱정을 해가며 새벽녘 꿈속을 헤매었다.

같은 걱정을 했을 옆 텐트 멤버들이 도란도란 이야기 나누며 부시럭거리는 소리에 잠이 깼다. 어제 하루만으로 똘똘 동지애로 뭉쳐진 이들이 엊저녁과 같은 식탁에서 아침 식사를 마치고 7시 반에 길을 나섰다. 모두가 형형색색의 우비들을 걸친 완전 무장 차림들이다.

숲 사이로 뿌연 연기가 피어오르고 잠시 후 아침밥 짓는 산골 마을 집들이 한 채 두 채 눈앞에 나타난다. 오랜 세월 대를 이어 살아

와일라밤바

왔을 잉카의 후예 가족들이 모여앉아 있을 것이다. 따스한 밥 향기에 흐뭇하게 미소 지으며 아침상을 들이고 있을 인디오 아낙의 얼굴이 떠오른다. 해발 2,950m에 위치한 와일라밤바(Wayllabamba) 마을이다. 3박 4일 잉카 트레킹 팀들은 후알라밤바(Huallabamba)로 불리기도 하는 이 마을 캠핑장에서 대개는 첫날 1박을 한다.

옛날부터 인간은 물이 풍부한 곳에서 문명을 일구며 살기 시작했다. 쿠시차카 강과 율류차 강(Rio Llullucha)이 합류하는 이곳도 그런 조건에 잘 맞았는가 보다. 현재 200여 명의 주민들이 모여 산다고 한다.

자그마한 다리를 통해 율류차 강을 건너고 잠시 후 마을이 끝나는 어귀에서 모두 멈춰서야 했다. 인디오 관리 몇몇이 민간인 복장을 하고 앉아 있다. 검문소 비슷한 곳인가 보다. '국립 자연보호 지역 관리공단' 정도로 이해되는 스페인 글씨가 간판에 쓰여 있다. 어제 트레일 입구에서 신고된 입산 인원과 맞아떨어지는지 확인하는 해발 3,250m 지점의 두 번째 체크포스트이다.

체크포스트

관리소 직원이 각자가 내민 여권을 점검하며 대단한 선심을 쓰는 양 큼직한 도장을 쾅 찍어준다. 찍는 쪽이나 찍히는 쪽이나 모두 유쾌하게 웃으며 장난스런 표정들이다. 여권이 없는 나에 대해선 마추픽추 출구에서 다른 사람이 내 여권을 가져올 거라는 가이드의 설명이 필요했다.

오늘은 어제와 달리 아침 시작부터 가파른 오르막의 연속이다. 한라산 등산에 해당하는 고도 차 1,200m 이상을 넘어야 하는 만큼 당연한 오르막이다. 출발 3시간 만에 점심 식사 장소인 율류차팜파(Llullucha Pampa)에 도착했다. 해발 3,840m에 위치한 평원 캠핑장이라 주변이 시원하게 조망된다. 먼저 도착한 포터들이 붉은 텐트 안에서 고기를 굽고 있다. 구수한 스테이크 냄새가 모두의 식욕을 자극했다. 다행히 가랑비는 조금 전에 그쳤다. 텐트 안에도 식탁은 준비되어 있었으나 모두들 식기에 먹을 만큼 담아선 바깥 여기저기에 자리를 잡고 앉는다.

두 시간이면 식사와 휴식에 잠깐의 낮잠까지 충분한 시간이었다. 12시 40분에 일행 모두 다시 길을 나섰다. 정상까지 마지막 남은 고도 차 400m를 오르는 길은 지금까지보다 훨씬 더 가팔라졌다. 고개를 숙인 채 한 발 한 발 옮기면서는 이곳이 우리 땅 여느 산속 숲길과 다름없다는 생각도 잠깐씩 들기도 했다. 하지만 잠시 멈춰 땀 닦으며 고개를 들어보면 역시 다르다.

낯선 모양의 고목들과 우리와는 느낌이 다른 수풀 그리고 간간이 보이는 인디오들의 오두막집이 있어 우리가 지금 잉카인들의 옛길을 걷고 있음을 비로소 실감하게 된다. 특히 구름 위로 뾰족하게 솟아난 주변 산봉우리들의 위용이 우리 강산의 산세나 지세와는 큰 차이를 느끼게 한다.

역시 자기 키만큼 커다란 배낭을 바위에 기대어 놓은 채 잠시 쉬고 있는 포터가 나에게 힘내라는 뜻인지 격하게 손을 흔들어 준다. 다른 여느 포터들처럼 그도 입속에서 뭔가를 오물오물 씹고 있다.

죽은 여인의 고개 와루미 와누스카로 오르는 길

  고산증에 좋다는 코카잎은 이곳 잉카의 후예들에겐 각성제 또는 에너지 촉진제쯤으로 활용되는 모양이다. 나 또한 며칠 전 쿠스코 시장에서 소량 구입한 코카잎을 어제부터 틈틈이 씹다가 뱉어내곤 하고 있다. 그 덕인지 해발 4,000m를 넘어서고 있는 지금까지도 고산 증세는 거의 못 느끼고 있다. 아마도 볼리비아에서 충분히 고산 지역 적응이 된 탓일지도 모른다.

  끝이 없을 것 같은 돌계단을 한 단 한 단 오르며 체력이 거의 방전되기 일보 직전, 먼저 도착한 몇몇 일행들의 박수를 받으며 드디어 해발 4,215m 정상에 올랐다. 잉카 트레일 최고점인 와르미 와누스까(Warmi Wanusqa) 고개다. 우리 한라산 높이의 두 배가 넘는 위치인 고개 아래로 흰색 뭉개구름이 두텁게 깔려 있다. 온몸이 붕 뜬 느낌인 것이 천상 세계에 올라선 듯하다. 점심시간 두 시간 포함하여 아침 출발한 지 7시간 만에 해발 고도 차 1,200m 이상을 올라온 것이다.

죽은 여인의 고개 와루미 와누스카 정상

이곳 안데스 고원 부족인 케츄아(Quechuas) 족의 언어로 '와루미'는 '여인(Woman)'을, '와누스까'는 '죽음(Death)'을 의미한다고 한다. '와루미 와누스카 고개'는 '죽은 여인의 고개(Dead Woman's Pass)'인 것이다. 옛날 옛적 어떤 여인의 슬픈 죽음에 얽힌 사연이 깃들어 있다고도 하고, 길게 눕힌 고갯마루의 윤곽선이 여인의 자태와 닮아 붙여진 이름이라고도 했다.

주변에 울려 퍼지는 청아한 피리소리가 죽은 여인의 사연을 말해주듯 애절하다. 현지인 인디오 한 분이 한 켠에서 연주하는 악기는 안데스 피리로 통하는 페루 전통악기 케나(Quena)라고 했다. 한 곡이 끝나고 잠시 연주를 멈출 때 우리 팀 유성수 씨가 지폐 한 장을 꺼내 바구니에 넣으며 인디오 버스커와 몇 마디 나눴다. 바로 이어 누구에게나 익숙한 '엘 콘돌 파사(El condor pasa)'가 울려 퍼지기 시작했다. 안데스에 어울리는 천상의 멜로디가 고개에 서 있는 우리 모두의 가슴을 살포시 후벼파고 있다.

일행 13명 중 마지막 2명이 모두의 박수갈채 속에 드디어 정상에 올라섰다. 샌프란시스코에서 온 미국인 부부인 남편 브라이언과 아내 알렉스 씨다. 마침 오늘은 알렉스 부인의 49회 생일임을 모두가 알고 있다. 가이드와 우리 팀 전원이 일렬로 도열하여 알렉스와 일일이 축하의 포옹을 나누었다.

고개 위에 30분 넘게 머물다 하산을 시작했다. 종착지인 해발 3,550m 파카이마요(Pacaymayo) 캠핑장까지는 한 시간 반이 걸렸다. 구름 위에 머물다 구름 속으로 내려와 지상에 사뿐히 내려서는 홀가분한 기분이었다. 잉카 트레일 나흘 중 가장 어려운 구간, 힘이 많이 들긴 했지만 고산병 없이 잘 헤쳐냈다.

저녁 식사 후에는 가이드가 어떻게 구한 건지 'Alex Woods'라고 이름을 새겨 넣은 생일 케이크를 들고 와 알렉스 부인에게 선물했다. 모두가 생일 축하 노래를 합창하고 케이크를 함께 나눠 먹었다.

♣ **2일차 (14km) :**

    하툰차카(Hatunchaca, 2900m) - 1km

→ 와일라밤바(Wayllabamba, 2950m) - 2km

→ 체크포스트(3250m) - 2km

→ 율류차빰빠(Llullucha Pampa, 3840m) - 3km

→ 와르미 와누스까(Warmi Wanuska, 4215m) - 6km

→ 파카이마요 캠핑장(Pacaymayo, 3550m)

페루

잉카 트레일 3일, 위대한 잉카 유적들

　파카이마요 강(Rio Pacaymayo)은 우루밤바 강의 수많은 지류들 중 하나다. 와루미 와누스카 고개 주변에서 발원하여 파카이마요 계곡을 따라 5km 정도 흘러가다 우루밤바와 합류한다. 강 상류이자 계곡의 정상에 있는 파카이마요 캠핑장은 어느 여행자의 후기에는 '구름 속의 숲(The forest among the clouds)'이라는 표현으로 남아 있다. 사방이 히얀 구름모자를 두른 5~6천 미터 산봉우리에 둘러싸인 아열대 숲속이다. 이곳이 정녕 해발 3,550m의 고지대인지 실감이 나지는 않는다. 어제부터 내렸다 그쳤다를 반복하는 가랑비 때문

인지 오늘 아침에는 우리 텐트들과 숲 주변이 온통 짙은 안개구름에 휩싸여 있다.

잉카 트레일에서는 두 번의 오르막 고비가 있다. 가장 힘든 최고점은 어제 '죽은 여인의 고개'를 넘으며 지나왔고, 한동안 내리막을 거쳐왔으니 오늘은 다시 오르막이 있을 것이다. 오전에 해발 3,975m의 룬쿠라카이 고개(Runkurakay Pass)를 넘어야 한다. 고도 차 400m만 넘으면 되지만 어제 에너지를 많이 소진한 터라 쉽지는 않을 것이다. 더구나 오늘은 나흘 중 구간 거리가 가장 긴 16km를 걸어야 한다. 하지만 잉카의 유적들이 곳곳에 포진하고 있어 꽤 역동적인 하루가 될 것이다.

잉카 트레일 3일째인 12월 첫날, 오늘도 어제처럼 아침 일찍 7시 30분에 텐트를 나섰다. 엊저녁 알렉스 부인의 생일 축하 자리를 거치며 팀원들 13명의 결속이 더 돈독해진 분위기다. 역시 시작부터 가파른 오르막이다. 5백여 년 전 우수한 석조 기술을 가진 잉카인들이 수십 년 세월을 땀

쏟아가며 만들고 다져 놓은 돌계단 길이 계속 이어진다.

오늘 처음 만나는 유적은 아담한 성채와 같은 룬쿠라카이 땀보(Runkuraqay Tambo)다. 앞서의 땀보마차이나 오얀타이땀보 등의 지명에서 풍기듯 잉카 로드의 일정 구간마다에서 우리의 역참이나 휴게소 또는 숙박 등의 구실을 했던 곳이다. 고지대에 구축된 원형의 견고한 성채라 전망대를 겸비한 수비 요새나 장터 등 다목적 용도로 활용되었다고 한다. 특히 일정한 날에 장이 열리면 이곳은 장터 역할뿐만 아니라 먼 동네 그리운 얼굴들과의 만남의 장소로도 많이 활용되었겠다.

양편 아래로 이름 모를 작은 호수 두 개가 어렴풋이 보이는 돌계단 길을 따라 드디어 두 번째 고개 룬쿠라카이 패스에 올라섰다. 예상보다는 힘들지 않았지만 장엄해야 할 경관은 예상과 달랐다. 어제부터 내렸다 그쳤다를 반복하던 가랑비는 진작에 멈춘 대신 자욱한 안개비가 주변 산봉우리와 계곡을 뒤덮고 있기 때문이다. 아쉽긴 하지만 숙제 마친 아이처럼 마음은 홀가분하다. 두 번의 오르막 고비를 다 넘겼으니 이제 남은 건 내일 오전 마추픽추까지 그저 완만한 내리막일 뿐이다. 일행 모두의 발걸음도 한결 가벼워진 듯 보인다.

완만하지만 돌계단 길이라 쉽지만은 않은 내리막을 따라 오늘 두 번째 유적지 사야크마르카(Sayacmarca)에 도착했다. 길 왼쪽으로 난 백여 개의 가파른 계단을 통해 성곽 위로 올라섰다. 이따 다시 내려와야 하기에 배낭들은 성벽 아래 내려둔 채라 모두들 홀가분한 차림이다.

　대지의 신 파차마마(Pachamama)를 위해 만들어진 성스러운 곳이면서 200여 명이 살았던 주거지 역할까지 겸했던 곳이라 한다. 견고한 돌담을 쌓아 여러 개의 구획을 만들어 놓았고, 주변 일대는 거대한 성곽 단지를 이룬 모양새다. 해발 3,600m 산속에 조성됐던 잉카인들의 은밀한 도시가 지금은 이렇듯 폐허의 신비로 남아 있다.

　사야크마르카에 인접한 세 번째 유적지 콘차마르카(Qonchamarca)는 제국 곳곳의 정세를 수도 쿠스코에 알리는 파발마인 '차스키(chasqui)'들의 휴게소이자 요새 역할까지 겸했던 곳이다. 말 타고 달리던 우리나 다른 세계의 옛사람들과는 달리 당시까지도 '말'이라는 동물은 도입이 안 되었던 아메리카 대륙에서 잉카제국의 차스키들은 오로지 두 발로 뛰어 전령 역할을 수행했다.

　12시부터 1시간 반 동안 해발 3,576m의 차키코차(Chaquiqocha) 캠핑장에 머물렀다. 사방이 확 트인 평원이지만 여전히 자욱한 안개

때문에 구름 속에 앉은 듯 몽롱한 분위기다. 점심 식단에 나온 닭고기가 덜 익었는지 속에 붉은 기운이 있어 먹지를 못했다. 일행 중 한 명이 배탈 난 듯하다. 3일째 되는 오늘까지 매 끼니 만족스러운 건 아니었지만 절반 이상 남긴 건 처음이다. 가이드가 사과 한 마디 하는 걸로 대충 넘어갔다.

 이어서 잉카 터널(Inka Tunnel)을 지나고 얼마 후 오늘의 네 번째 유적지인 푸유파타마르카(Phuyupatamarca)에 올랐다. 십여 개의 건물 잔해와 여러 광장 그리고 제례 의식용 욕조와 수로 등 다단식 성채의 요모조모를 다 둘러보기에는 어제 이래 에너지가 많이 소진된 상태다.

 이 일대는 오늘처럼 두터운 구름이나 안개 속에 잠겨 있는 기간이 일 년 중 대부분이라 한다. '구름 속의 도시(La Ciudad entre la Niebla)'라는 이 거대한 성채의 별칭이 그럴듯하게 들린다. 날씨가 조금만 좋다면 동쪽과 남쪽으로 베로니카(Veronica, 5,750m)와 살

위나이와이나

칸타이(Salkantay, 6,271m), 두 개의 설산 전경이 그렇게 장엄하고 아름답게 드러난다는데 구름에 가려 많이 아쉽다.

급격한 내리막이 시작됐다. 고도 차 1,000m를 단숨에 내려가는 막바지에 이르러 인티파타 이정표 사거리를 지나며 오늘 기나긴 하루 일정도 드디어 종착점에 이르렀다. 잠시 후 산골 인디오 가옥들이 하나둘 등장한다. 양철 지붕 위 굴뚝에서 향긋한 내음의 연기가 뭉게뭉게 뿜어져 나오고 있다.

오후 6시 5분 전, 오늘의 목적지인 해발 2,650m의 위나이와이나(Winay Wayna) 캠핑장에 도착했다. 아침 출발한 지 10시간이 넘는 여정이었다. 캠핑장 입구에 '마추픽추까지 6km'라는 이정표가 반갑게 우리를 맞고 있다. 그리운 연인과의 재회를 앞둔 듯 가슴이 설레기 시작한다.

♣ **3일차 (16km) :**

　파카이마요 캠핑장 - 3km
→ 룬쿠라카이 패스(Runkurakay Pass, 3975m) - 3km
→ 사야크마르카(Sayaq Marka, 3600m) - 1.5km
→ 콘차마르카(Concha Marka, 3550m) - 4.5km
→ 푸유빠따마르카(Phuyupata Marka, 3650m) - 3.5km
→ 인티파타(Intipata, 2758m) - 0.5km
→ 위나이와이나(Winaywayna, 2650m)

㉚
페루
잉카 트레일 4일, 잃어버린 도시 마추픽추

서기 1532년 11월 5일 현 페루 북부 카하마르크의 한 광장, 수만 명의 잉카군에게 둘러싸인 스페인 용병 168명은 잔뜩 겁에 질려 있었다. 사람의 심장을 산 채로 도려내 인신공양한다는 등 무시무시한 소문의 미개인들이다. 그들의 황제를 만난다는 공포심 때문에 모두 간밤을 뜬눈으로 지샌 뒤다. 싸움이 아닌 접견의 자리였지만 상황이 어떻게 돌변할지 누구도 모를 일이었다.

용병 대장 프란시스코 피사로 또한 초긴장 상태이긴 했지만 마상에 앉아 냉정하게 상황을 주시하고 있었다. 수십 명 호위 무사들에게 둘러싸인 잉카 황제 아타우알파는 느긋하고 여유로워 보였다. 주변을 가득 메운 잉카군에게도 긴장감 따위는 전혀 느껴지지 않는다. 그도 그럴 것이 형제간 왕위 다툼 내전에서 얼마 전 큰 승리를 거두고 새롭게 즉위한 황제의 군대인 것이다. 처음 보는 괴상한 동물 위에 올라타고 이상한 복장들을 했지만 한 줌 200명도 안 되는 이방인들이 대제국 황제의 대군 앞에서 뭔 일을 할 수 있을 것인가?

통역을 앞세운 선교사 발베르데(Vincente de Valverde)가 대표로 황제 앞으로 나아갔다. 신대륙에서 원주민을 만나면 무조건 낭독해줘야 하는 스페인 왕의 교지를 의무적으로, 기계적으로 읽어 내려갔다.

"… 이 땅의 지배권은 스페인 왕에 있다. 당신들은 그에 따라야 한다. 이 땅의 유일신은 하느님이시다. 당신들은 하느님만을 섬겨야 한다…"

잉카로선 황당무계할 이런 내용을 듣고 과연 황제가 어떤 반응을 보일지, 발베르데의 심장은 두려움으로 터질 듯했다. 뒤에 도열한 168명의 용병들 모두 같은 심정으로 초긴장 상태였다.

통역의 말을 듣고 격노할 줄 알았던 황제는 이외로 덤덤하게 '그건 누가 한 말이냐'고 물어왔다. 벨베르데는 손에 들고 있던 성경책을 황제에게 건네며 말했다.

"하나님의 말씀이다. 이 싱경 안에 말씀이 들어 있다."

인디오 통역의 말을 들은 황제는 여태껏 책이라는 물건을 본 적이 없는지라 심드렁하게 성경을 받아 들고 귀에 대보거나 만지작거리다가 성가신 듯 발아래로 휙 던져 버린다.

이를 황제의 격노 표시이자 자신들에 대한 공격 신호탄으로 잘못 판단한 벨베르데는 순간적으로 뒤돌아 도망치며 발작하듯 소리질렀다.

"이 놈들을 죽여라! 하느님을 거부했다."

바로 그 순간 대포와 총소리가 광장을 뒤흔들었다. 동시에 62기의 기마병과 106명의 보병들이 일제히 소리를 지르며 황제와 잉카 진영을 향해 돌진했다. 치밀한 작전이 아닌, 극도의 공포와 초긴장 속에서 반사적으로 취해진 집단행동이었다. 엄청난 굉음과 뜻하지 않은 공격에 정신줄을 놓은 잉카군들은 혼비백산 흩어졌다. 인류사에 큰 획을 긋는 대사건 '카하마르카 전투(Batalla de Cajamarca)'는 이렇듯 우발적으로 일어났다.

그날 한나절의 전투로 잉카군 7천여 명이 집단 살육되었지만 스페인 군은 단 한 명도 죽지 않았다. 잉카 황제 아타우알파는 이날 인질로 생포되어 갇혔다가 이듬해 처형되었다. 거대 제국 잉카가 이렇듯 소수 유럽인들에게 꼼짝없이 당한 원인을 문화 인류학자 재레드 다이아몬드는 '총, 균, 쇠'로 보았다.

유럽인들이 무의식적으로 퍼트린 천연두 '균' 때문에 전임 잉카 황제가 죽은 것이 카하마르크에서의 두 세력 조우라는 우연으로 이어졌다는 것이다. 또한 당시까지도 잉카인들은 '총'과 '쇠' 그리고 '말'이라곤 본 적이 없었다. 대포 등 철제 무기와 갑옷으로 중무장한 유럽인들에게 투석기나 돌창 또는 청동 무기류가 고작이었던 잉카군은 숫자에 관계없이 오합지졸에 불과했을 뿐이다.

중남미를 통틀어 수천만 명에 이르던 잉카인들은 탐욕스럽고 무자비한 유럽인들에게 짐승처럼 사육되고, 오랜 세월 찬란했던 잉카 문명은 문자 기록으로도 남아 있지 않은 상태에서 급속도로 소멸되어갔다. 잉카의 영토는 지금의 에콰도르 수도인 키토에서 페루, 볼리비아, 아르헨티나 일부 그리고 칠레 수도 산티아고까지 방대했다. 콜럼버스가 발을 들여놓기 전까진 아메리카 대륙 통틀어 가장 우수한 문명을 가진 대제국이었다.

드넓은 잉카제국의 거점들은 수만 킬로미터에 걸친 잉카 로드(Inca Road)를 통하여 하나의 길로 이어졌고, '사라진 공중 도시' 마추픽추로 향하는 잉카 트레일은 그중의 일부 구간이었다. 제국의 시대엔 온갖 물자와 정보가 유통되었던 평화와 번영의 길이었지만 제국 멸망 후의 잉카 트레일은 탐욕스런 유럽인들을 피해야 했던 인디오들에겐 숨어다니기 좋은 산악 은둔길 역할을 해줬다.

우리에게 지난 사흘간 만난 잉카 트레일은 비록 허망하게 멸망하긴 했어도 잉카인들의 문명이 얼마나 위대했는지를 실감나게 확인시켜주는 현장이었다.

3박 4일 여정의 마지막 날이다. 새벽 4시에 일어나 부산하게 챙기고 5시에 텐트를 나섰다. 위나이와이나 캠프 바로 밑에 있는 세 번째 체크포스트에선 다른 여러 팀들이 뒤섞여 긴 줄을 이루고 있다. 1시간을 기다린 후 겨우 통과할 수 있었다. 첫날 헤어졌던 우루밤바 강의 황토색 물길이 멀리 다시 자태를 드러낸다. 계곡을 누비며 실뱀처럼 꾸불꾸불 길게 이어졌고, 낮게 깔린 아침 구름 몇 점이 듬성듬성 강 위를 엷게 덮어가고 있다.

체크포스트를 출발한 지 한 시간쯤 지났을까. 급격한 오르막이 우리 앞을 가로막고 있다. 길진 않지만 45도 경사진 돌계단이다. 두 손을 짚어가며 엉금엉금 기어오르는 모습들, 모두가 젖 먹던 힘까지 다 짜내고 있음을 알 수 있다.

마지막 한 계단에 발을 디디는 순간 갑자기 시야가 확 트이며 익숙한 정경이 눈앞에 펼쳐졌다. 그동안 사진으로 너무도 많이, 심지어 꿈속에서도 만났던 마추픽추의 모습이다. 그러나 눈앞에 펼쳐진 현장감이란 너무도 낯설고 비현실적이다. 마추픽추의 관문인 이곳은 '태양의 문'으로 불리는 해발 2,745m의 '인티푼쿠', 아래쪽 마추픽추에서 올려다보면 바로 이곳에서 태양이 솟아오르는 것처럼 보

인티푼쿠

인다 해서 붙여진 이름이다.

패키지 멤버들끼리 그간의 노고를 치하하며 서로 포옹하고 축하해줬다. 삼삼오오 돌계단에 걸터앉아 아침 식사 겸 간식을 먹는 내내 발아래 펼쳐진 풍경에서 잠시도 눈을 뗄 수가 없다. 마추픽추 뒤로 우람하게 솟아 있는 와이나픽추와 한결 더 가까워진 우루밤바 강이 한데 어우러져 장관을 이루고 있다. 특히 아구아스 칼리엔테스까지 이어지는 지그재그 능선길도 몹시 험해 보이면서도 그림처럼 아름답다.

자리를 정리하고 다시 배낭을 짊어졌다. 좁은 돌담길을 따라 모두 총총걸음으로 내려갔다. 마추픽추 현장까지는 고도 차 300m를 더 내려가야 한다. 도중에 수호자의 집(Casa del Guardian) 앞에 잠시 배낭을 내려놓았다. 마추픽추 전체 정경이 가장 잘 보이는 위치이다. 방문객 대부분이 이곳에 서서 인증 사진을 남긴다. 인근의 장의석(Roca Funeraria)이라 불리는 큰 바위는 지금은 평범해 보이지만 과거엔 성스러운 제단이었다고 한다.

마추픽추는 해발 2,720m 와이나픽추(Wayna Pikchu or Huayna Picchu) 봉우리를 병풍 삼아 크게 두 구역으로 나뉜다. 북쪽으로 둘레 1km의 주거지와 남쪽으로 둘레 500m의 계단식 경작지이다. 수호자의 집에서 내려와 잠시 후 사각의 출입구(Puerta de la Ciudad)를 통해 주거지 성안으로 들어서면 태양의 신전(El Templo del Sol)과 3개의 창문이 있는 신전 그리고 콘도르 신전 등이 이어진다.

마추픽추

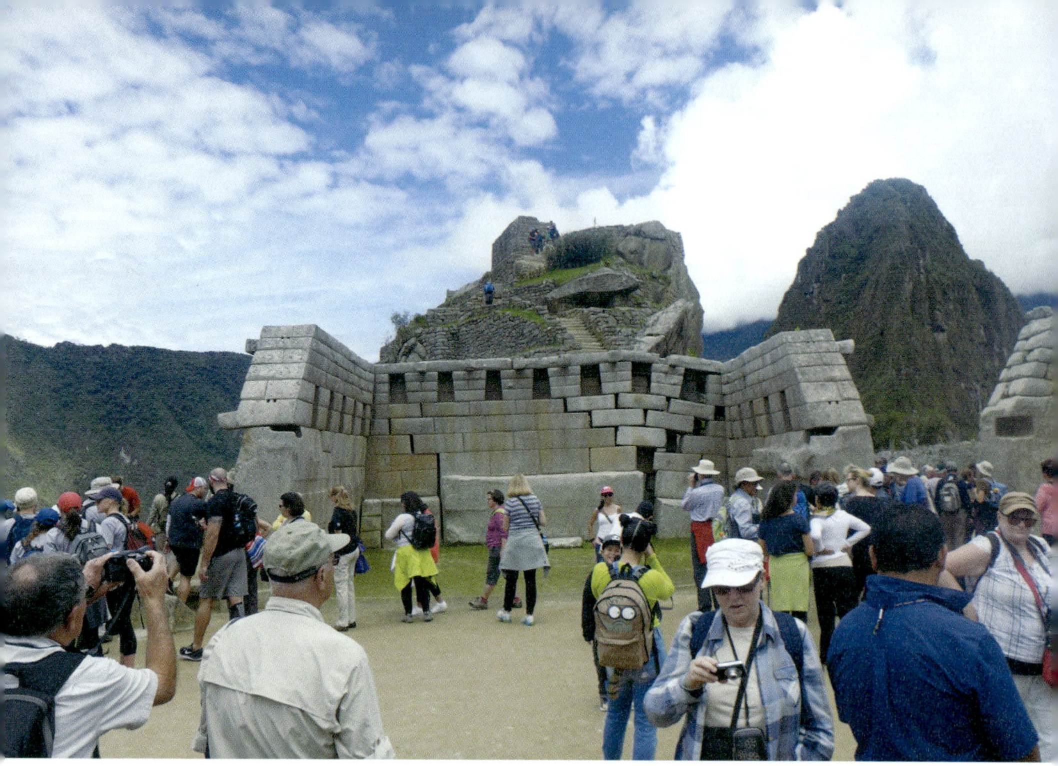

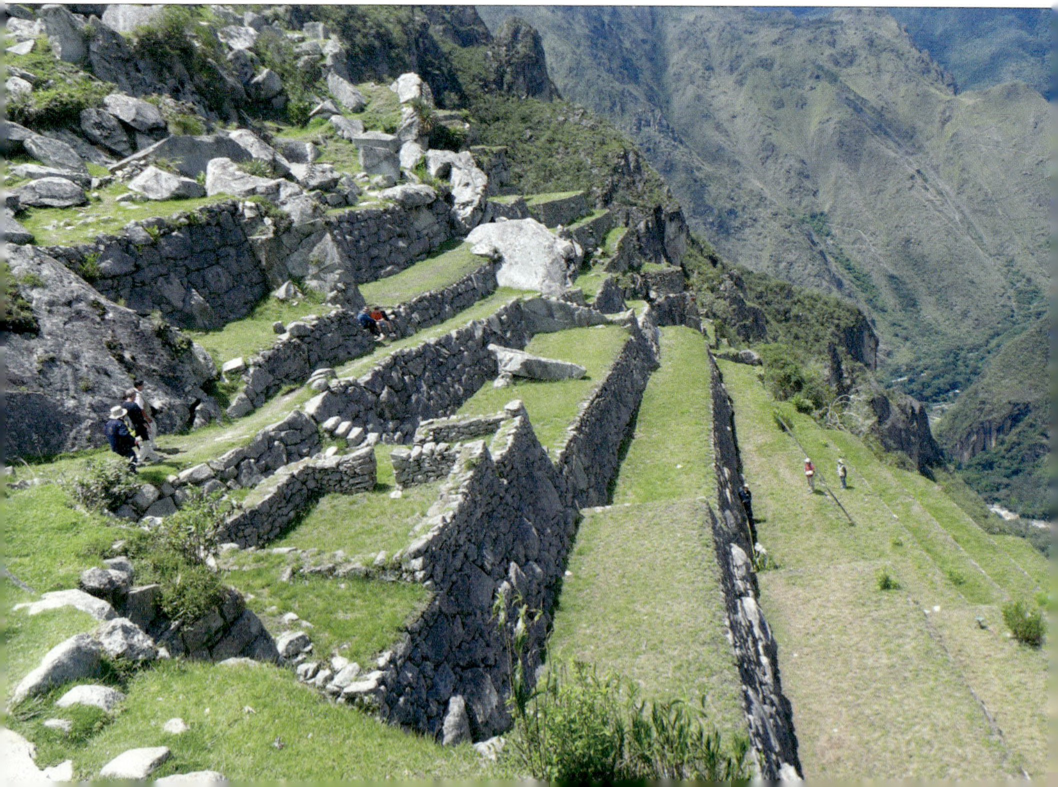

중앙 광장(Plaza Principal)을 비롯하여 태양을 잇는 기둥이라는 인티후아타나(Intihuatana)를 거쳐 주거지 북단의 성스러운 바위(Roca Sagrada)까지는 직선거리 400m 정도다. 인티푸쿠에서 내려다볼 때는 그 장쾌함에 압도되고, 30분 후 해발 2,430m의 이곳 현장에 내려서고는 각각 건축물들의 섬세함과 정교함에 놀랐다.

　그러나 곧이어 의문에 싸인다. 수십 톤이 될 법한 이런 거대한 바위들을 과연 어디에서 어떻게 이 높은 곳까지 옮겨올 수 있었을까. 쿠스코 삭사이와만 성체에서도 마찬가지였지만 그런 돌덩이들이 어찌 그렇게 사이사이에 종이 한 장 들어갈 틈도 없이 완벽하게 맞물려 쌓을 수 있었을까.

　아직 쇠나 철이란 물질을 몰랐던 잉카인들이었다. 철재 도구 하나 없이 청동 구리나 암석들만으로 어떻게 이런 산상 도시를 만들어낼 수 있었는지, 잉카 트레일을 걸어 마추픽추에 도달한 트레커라면 누구나 품게 되는 의문일 것이다. 잉카인들에 대한 경외감이 저절로 솟아나는 3박 4일 여정이었다.

♣ **4일차 (5km) :**

　위나이와이나 - 3.5km
→ 인티푼쿠(Intipunku, 2745m) - 1.5km
→ 마추픽추(Machu Picchu, 2430m)

㉛ 페루
쿠스코 박물관 투어와 태양의 거리

 마추픽추는 110여 년 전 미국의 고고학자 하이람 빙엄(Hiram Binghum)이 발견할 때까지 수백 년 동안 꽁꽁 숨겨져 있었다. 현지인 몇몇이 농사를 짓고는 있었지만 외부와는 철저히 단절된 채였다. 이 거대한 공중 도시가 언제 어떻게 어떤 연유로 만들어졌는지에 대해선 학자들 간에 논란이 많다.
 다만 근래 들어선 잉카제국의 가장 위대한 황제인 파차쿠티(Pachakuti Inca Yupanqui) 재위(1438~1472년) 때 별장 용도로 지어졌고, 평소엔 황실에서 파견 또는 동원되는 수백여 명이 교대로 농

사짓고 살며 관리했다는 설이 힘을 받는 듯하다.

파차쿠티는 이전의 쿠스코 왕국부터 치면 9대 왕이면서 제국으로는 초대 황제로 통한다. 그가 정복해 놓은 광범위한 영토를 기반으로 아들 투팍과 손자 우아이나 황제 때 제국의 최전성기를 누렸으나, 증손자 아타우알파가 스페인 용병 168명을 이끈 프란시스코 피사로에게 인질로 잡혀 살해되면서 제국의 멸망을 초래했다. 아타우알파(재위 1532~1533년)를 살해한 후에도 스페인 정복자들은 꼭두각시 황제를 내세워 잉카제국을 40년 동안 유지시켰다. 식민 통치 목적상 필요했기 때문이다.

그러면 그 당시 마추픽추는 어떤 상태였을까? 아직까지는 불명확하다. 문자나 기록으로 남아 있지 않기 때문이다. 다만 이렇게 추정해 볼 수는 있다. 황제의 별장이라 하지만 이 깊은 산속까지 황제는 한 번도 행차한 적이 없고, 일부 고위 관료들만 은밀하게 방문해 황제 행세하며 호위호식하다 가는 곳으로 관리되고 있었는지도 모른다.

1532년 카하마르카 대살육 사건 이후 유럽인들이 얼마나 잔혹하고 무자비한지 제국 전체로 소문이 퍼졌다. 천둥 번개 같은 무기에 철갑을 두른 채 처음 보는 말까지 탔으니 하늘에서 내려온 천군天軍들이나 다름없었다.

인디오 민초들이야 살던 곳에서 그대로 살 수밖에 없었지만 지배계층은 달랐다. 어떡하든 유럽인들을 피해야 했을 것이다. 온갖 재물과 하이들을 앞세워 깊은 산속 오지로 숨어들었을지도 모른다. 그중 한 곳이 마추픽추였을 수도 있다.

그들은 이곳을 제2의 쿠스코처럼 지배와 피지배 계급이 확실하고 온갖 사회 인프라가 갖춰진 소도시로 만들어 운영했을 것이다. 적어도 서너 새대쯤은 대를 이어가며 안전하고 평화롭게 살아가던 어느 날, 유럽인들이 이곳을 알아채곤 곧 쳐들어올 거라는 헛소문이 돌았다. 공포에 질린 그들은 경황없이 다급하게 흩어져 뿔뿔이 어딘가로 도망쳤으리라.

역사적으로 검증된 건 아니지만 마추픽추를 설명하는 여러 가설들 중 하나다. 1910년 빙엄이 마추픽추를 발견할 당시, 누군가의 침입이나 파손 흔적 없이 너무도 멀쩡한 상태로 오래전에 비워졌고 그 상태로 그때까지 온전하게 남겨진 건 여전히 밝혀지지 않은 불가사의다.

3박 4일 패키지 팀원들과 가이드 에르모 까스띠요 씨와는 어제 오후 마추픽추 출구에서 헤어졌다. 분위기 메이커들이었던 안나 등 포르투갈 처자들 넷과 런던에서 온 흑인 피터와 카르멘 커플, 혼자 온 베네수엘라 출신 유리와 둘째 날 생일을 맞았던 알렉스와 브라이언 부부 그리고 한국인 멕시코 주재원 박찬만 씨 등, 함께했던 모두와 이메일 주소 주고받으며 서로의 사진들을 나중에 메일로 교환하기로 약속했다.

그동안 다른 지역을 여행하다가 마추픽추로 와서 합류한 권영기 씨가 내 여권을 가져다 준 덕택에 나도 무사히 출구의 체크포스트를 벗어날 수 있었다. 30분 가까이 버스를 타고 우르밤바 강가의 아름다운 마을 아구아스 깔리엔테스(Aguas Calientes)로 내려왔다. 해발

아구아스 칼리엔테스 마을

아구아스 칼리엔테스 역 대합실

2,040m 지점이라 고도 차 400m 내려오면서 열세 번의 지그재그를 거쳐야 하는 급경사 도로였다.

점심 식사 후 주변 호스텔에 들어갔다. 우리 돈 6천 원 정도에 간단한 샤워까지 마치고 역 주변을 둘러보다가 3시 40분 기차에 올랐다. 역 대합실 대기 중에 들었던 '라스트 모히칸'의 영화음악 멜로디가 계속 귓전을 맴돌았다. 음반 파는 인디오가 팬플릇을 연주하며 다양한 곡들을 들려줬었다. 한결같이 이곳 안데스 분위기에 걸맞는 곡들이었다.

엊저녁과 오늘 아침 사랑채 식탁에 다섯이 모여 앉아 두 번 연속 맛보는 우리 식단은 최고의 행복이었다. 잉카 트레일에서의 매 끼니는 다국적 팀이라 그랬는지 식단에 아쉬움이 좀 많았다. 한국 여행사를 통해서 예약했었다면 한국인들로만 팀을 구성하여 매 끼니 김치 등 한국 식단으로 꾸렸을 것이다. 물론 패키지 비용은 꽤나 더 지불해야 했으리라.

쿠스코에서의 마지막 날인 오늘도 지난번처럼 각자 취향대로 돌아다니기로 했다. 나는 미리 점찍어 둔 도심 박물관들을 시간 되는 대로 둘러보기 위해 9시에 혼자 사랑채를 나섰다.

제일 가까운 잉카 박물관(Museo Inka)은 심플한 명칭은 물론 아르마스 광장과 쿠스코 대성당 바로 앞이라는 그 위치가 모든 박물관들의 대표적인 느낌을 주지만 대체로 소박한 규모였다. 16세기 스페인 제독의 저택이었던 건물에 도자기, 금 세공품, 무기, 미라 등 다양

시립 현대미술박물관

한 종류의 잉카 유물들이 세세하게 전시되어 있다. 박물관 안뜰 한 켠에서 인디오 여인이 직접 직물을 짜는 모습을 시연하면서 전통 수공예품을 팔고 있다. 안데스 산골 여느 아낙네의 일상을 훔쳐보는 느낌이었다.

  아르마스 광장을 건너 레고시호 공원(Plaza Regocijo) 앞 시립 현대미술박물관(Museo de Arte Contemporáneo)으로 들어섰다. 사각의 건물 안뜰에서 부드러운 물줄기를 뿜어대는 작은 분수대가 제일 먼저 눈길을 끈다. 잉카의 전통을 묘사한 작품들과 현대 사회 일반 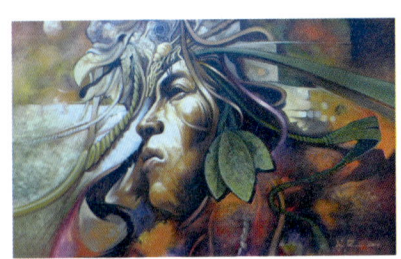 풍경을 다룬 미술품들이 3개 전시실에 혼재되어 있다. 예전 쿠스코 시장이었던 이가 현지 예술가들로부터 그림 100점을 후원받아 1995년에 설립되었고,

코리칸차 유적지 박물관

현재 약 300여 점의 근현대 미술품들이 전시되어 있다고 했다.

가르실라소(Inca Garcilaso de la Vega)는 16세기 중후반에 활동한 페루 역사학자이자 연대기 작가이다. 스페인에 정복되기 전과 후의 잉카인들의 생활상이나 설화 등에 대한 많은 역사서를 저술했다. 가르실라소의 집, 카사 가르실라소(Casa Garcilaso)는 잉카 멸망 전과 후 그리고 스페인 식민지 시대를 거쳐가던 시대의 변화를 작가만의 시각으로 보여주는 박물관이다. 고고학 시대실(Archeology)인 1층과 식민지 시대실(Colonial)인 2층으로 구분되어 독특한 스타일의 도자기와 미세 조각품들 그리고 보석으로 만든 제례 장식품 등이 전시되어 있다.

이상 3군데 박물관을 둘러본 후 아르미스 광장 주변을 벗어나 쿠스코의 중심 도로에 들어섰다. 옛 잉카제국 시절 황제가 행차했던 아베니다 엘 솔(Avenida El Sol), 일명 '태양(sol)의 거리(avenida)'다. 아르마스 광장에서 남동쪽으로 1.2km 뻗어 있다.

제국의 중심 도로였던 이 길 중간쯤 내려오면 왼쪽으로 중요한 명소, 어쩌면 쿠스코에서 제일 중요한 곳이라 할 수 있는 코리칸차(Qurikancha)를 만난다. 길 왼쪽으로 근사한 뷰를 선사하는 녹색의 사그라도 공원(Jardin Sagrado) 너머 건물이다. 잉카제국의 가장 중요한 신전이었고 황금으로 도배된 태양의 신전이었던 곳이다.

스페인 정복자들이 황금을 약탈하고 신전 일부를 허물어 산토 도밍고 교회(Iglesia y Convento de Santo Domingo de Guzmán)를 세웠기에 현재는 한 공간에 잉카 유적과 스페인 유적들이 공존한다. 17세기와 20세기에 두 번의 큰 지진이 있을 때 스페인이 지은 건물들은 거의 허물어졌으나 잉카 신전 등 제국 시절에 지은 신전 등은 끄떡없었다고 한다.

어쨌든 코리칸차는 잉카 문명과 서구 문명이 묘하게 뒤섞여 있는 현장이다. 쿠스코 관광 지도상에서도 1번으로 표기되어 있는 만큼 그 의미가 남다른 명소겠다. 사그라도 공원 지하에 조성된 코리칸차 유적지 박물관(Museo de Sitio Qorikancha)은 잉카 고유의 유적들만으로 구성되어 있으면서 미라실, 유골실 등 매우 음산한 분위기였다.

쿠스코 시내에선 두 개의 동상이 유독 인상에 남는다. 관광객들이 가장 많이 찾는 도심 아르마스 광장에 하나(Monumento al Inca)가 있고, 태양의 거리에서 1km 더 내려간 로터리에 또 하나의 동상

(Monumento Inca Pachacutec)이 서 있다. 두 개 다 잉카의 9대 왕이자 제국 초대 황제인 파차쿠티 유판키(Pachakutiq Inka Yupanki)의 것이다.

제국을 통일하고 수도 쿠스코를 건설한, 잉카의 가장 위대한 왕답게 태양을 향해 두 팔을 치켜든 위세가 장엄하기 그지없다. 잃어버린 도시 마추픽추를 건설한 왕이기도 하다. 로터리 복판의 동상은 그 규모가 아르마스 광장 것보다 압도적으로 더 크면서, 동상을 밑받침하는 탑 건물 내부는 잉카의 여러 자료들을 모아 전시하는 유료 박물관이다.

위대한 황제 파차쿠티가 죽고 나서 증손자 아타우알파 재위 때 잉카는 앞에서 보았듯 피사로가 이끄는 스페인 용병 168명에게 멸망했다.

태양의 거리, 파차쿠티 동상

페루
리마 미라플로레스 지구, 사랑의 공원

1492년 크리스토퍼 콜럼버스가 아메리카 대륙을 발견해 서방 세계에 알렸다. 유럽인들의 탐욕스런 시선이 대서양 너머로 향했다. 30년 후에는 에르난 코르테스가 아즈텍 제국을 정복해 스페인 식민지로 만들었다. 그리고 10년 후인 1532년 프란시스코 피사로는 스페인 용병 168명만으로 거대 잉카제국을 단숨에 무너트렸다. 비로소 스페인은 서방 세계 신흥 강자로 급부상한다. 신대륙 지배권을 선점해 야금야금 식민지로 삼은 결과다.

유럽 대륙 변방에서 이슬람 무어인들에게 700년 동안이나 지배당

했던 약소 왕국이 비상한 모험가 3인을 알아보고 후원한 결과 뜻하지 않은 횡재를 한 것이다. 그렇다면 스페인에 막대한 국부를 안겨다 준 이들 영웅 3인의 이후 삶은 어땠을까? 셋 다 국가로부터 배신당하거나 비참한 죽음을 맞았다. 중남미대륙 수천만 명 원주민들을 '총, 균, 쇠'로 학살해 인구 10분 1로 줄여 놓은 자들의 당연한 말로였는지도 모른다.

1532년 11월 5일 카하마르크 광장에서 잉카군 7천여 명을 살육한 피사로는 잉카 황제 아타우알파를 인질로 생포해 가뒀다. 황제 자신은 생포될 때만 해도 자신이 1년도 못 넘겨 처형될 거라곤 상상도 못했을 것이다. 외부 세계에 대한 잉카의 무지와 무신경이 불러온 참사였다. 자신이 감금된 방을 황금으로 가득 채워 목숨을 구걸했지만 야비한 스페인 정복자들은 황금만 취했고 결국 아타우알파는 서른한 살 젊은 나이로 생을 마쳐야 했다.

비록 허망하게 멸망했지만 잉카는 방대한 영토를 가진 제국이었다. 콜럼버스가 발을 들여놓기 전까진 아메리카 대륙 통틀어 가장 강력한 대제국이었던 것이다. 그런 잉카의 새 주인이 된 프란시스코 피사로는 꼭두각시 황제를 내세워 제국을 간접 통치하면서 식민지 건설에 박차를 가하기 시작했다. 이를 위해 맨 먼저 역점을 둔 사업이 바로 새로운 수도의 건설이었다.

기존 수도 쿠스코처럼 내륙 깊숙한 곳이 아닌, 항구도시가 필요했다. 대항해 시대에 걸맞게 바닷길 무역에 적합해야 하고, 본국인 스페인과의 연락과 인적 물적 교류에도 알맞은 거점 도시가 되어야 했다.

그렇게 이곳저곳을 물색한 끝에 남태평양 연안의 한 이름 없는 바닷가 마을이 선정되었고, 1535년 1월 피사로의 지휘로 첫 주춧돌이 올려졌다. 처음에는 '왕들의 도시(La Ciudad de los Reyes)'란 지명이었으나, 이 지역 물줄기인 리마크 강(Rio Rimac) 영향인지 언젠가부터 '리마(Lima)'로 바뀌어 불렸다.

도시 건설이 시작되고 6년이 지났다. 인생의 모든 꿈을 이뤘고 왕의 도시처럼 건설되는 이곳에서 편안한 노후를 즐길 일만 남았다고 믿던 어느 날 피사로는 대낮에 급습한 20명의 암살자들에 의해 비참한 죽음을 맞는다. 잉카인들이 아니고 피사로 자신의 부하들에 의해서다. 온몸 20여 군데나 난자당했으니 암살자들이 그에게 품었을 원한의 무게를 짐작할 수 있다. 인간의 끝없는 탐욕이 빚어낸 참극이었다.

어제 오후 6시 다 되어 '정복자 피사로'의 도시 리마에 도착했다. 리마 근교의 호르헤 차베스(Jorge Chavez) 국제공항, 쿠스코와 마찬가지로 리마 공항에도 20세기 초 비행 중 사망한 젊은 비행사의 이름을 담고 있다. 공항 대합실 앞에서 승합차를 이용해 신시가 미라플로레스(Miraflores) 지구로 와서 호스텔 플라잉 독(Flying Dog Hostel B&B) 8인실에 여장을 풀었다. 그리고 새롭게 맞이한 오늘, 출국을 36시간 앞둔 12월 4일 금요일 아침이다.

느지막하게 혼자 숙소를 나왔다. 우리가 투숙한 이곳 미라플로레

케네디 공원

스 지구는 부유한 백인들이 많이 사는 부촌이라 우리 서울로 치면 강남구에 해당한다. 바닷가라 그런지 바람의 내음도 향긋하고 날씨까지 화창하다. 산책하기 딱 좋은 날이다.

숙소 맞은편 케네디 공원(Parque John F. Kennedy)은 그늘진 나무와 어린이 놀이기구들이 많아 특히 안전하고 평화로워 보인다. 남미 주요 도시처럼 리마도 여행자들의 후기에서 소소한 사건 사고들을 접한 바 있지만 이곳 미라플로레스 지구는 예외라고 했다. 치안이 잘 이뤄지는 구역이라는 것이다.

공원 한 켠에 존 F. 케네디의 흉상이 서 있다. 1960년 케네디 대통령의 방문을 기념하여 공원 이름을 지었다고 한다. 녹지 여기저기에 길고양이들이 많이 배회하는 모습도 정겹다. 인도를 사이에 두고 인접한 '6월 7일 공원(Parque 7 de Junio)' 역시 같은 분위기다. 19세기 후반 칠레-볼리비아-페루 3국간에 벌어진 남미의 태평양전쟁 중

1880년 6월 7일 아리카 전투의 페루군 희생자들을 기리는 의미의 공원이다.

직사각형의 케네디 공원과 삼각형 모양의 6월 7일 공원을 하나로 묶어 미라플로레스 센트럴파크(Parque Central de Miraflores)로 부르기도 한다. 리마를 대표하는 도심 녹지 공간인 듯하다. 공원 앞으로 극장과 피자 가게와 카페 등 각종 상권이 밀집한 디아고날 거리(Avenida Diagonal)를 천천히 걸어 바닷가로 나왔다. 엊저녁 구글 검색을 통해 머릿속에 그려둔 동선 그대로다.

바다 내음 물씬 풍기는 아름다운 해안 산책로를 따라 걸었다. 엘 파로 공원(Parque El Faro) 절벽 쪽에 우뚝 솟은 마리나 등대(Faro de la Marina) 너머로 남태평양 푸른 바다가 드넓게 펼쳐졌다. 고향 제주 바다와 별다를 것 없어 보이지만 '태평양'이라는 이름이 풍기는 기운은 남다르다. 이 드넓은 바다와 직접 대면한 적은 고작 미국 LA나 뉴질랜드 북섬 정도에서 보았던 기억이 날 뿐이다. 저 바다 너머 어딘가에 그리운 사람들이 다른 날짜와 다른 시간대의 일상을 살아가고 있다는 게 묘한 감상을 불러일으킨다.

마리나 등대 앞에 남미 태평양 전쟁의 영웅이라는 카를로스 데 로스 헤로스(Carlos de los Heros)의 흉상이 먼바다를 바라보는 중이고, 다른 한 켠에는 21세기 시인 안토니오 시스네로스(Antonio Cisneros)가 팔짱을 낀 채 깊은 사색에 잠겨 있는 입상이 서 있다. 공원 앞으로 난 아름다운 해안 산책로 말레콘 시스네로스(Malecon

코스타 베르데 해안 절벽

Cisneros)에도 시인의 이름이 있는 걸 보면 이 지역과 연관이 깊은 인물인가 보다.

시인의 입상이 있는 곳은 안토니오 라이몬디 공원(Parque Antonio Raimondi), 19세기 이탈리아 태생의 페루 지리학자의 이름을 딴 공원이다. 맑고 아름다운 환경을 누리며 살게 해 준 이전 시대 고마운 인물들에 대한 이 지역 미라플로레스 주민들의 깊은 감사와 경의가 공원 곳곳에 녹아 있다.

이 일대의 매력 포인트는 해안선을 따라 수km 이어진 코스타 베르데(Costa Verde) 해안 절벽이다. 수십m 절벽 위에서 내려다보는 해안선 풍경과 시원한 바닷바람이 워낙 쾌적하고 조화롭다. 공원 한

리마 미라플로레스 지구, 사랑의 공원 259

컨 패러글라이딩 활강장(Parapuerto de Miraflores) 앞에 사람들이 삼삼오오 모여 있다. 2인 1조의 활강팀이 절벽 가장자리에서 사뿐히 날아오르고, 다음 팀이 드넓은 잔디 위에서 활강을 준비하는 풍경 자체가 아름다운 한 폭의 그림이다.

이곳은 태평양 바닷바람이 절벽에 부딪힌 다음 수직 상승하는 환경이다 보니 절벽 위로 상승 기류가 생겨 활강을 용이하게 한다고 한다. 오래전 네팔 포카라의 사랑코트에서 패러글라이딩 기회가 있었는데 용기 없어 포기한 걸 후회한 적이 있지만, 오늘 역시 마찬가지다. 마음만 먹으면 우리 돈 8만 원 수준에 20분 정도 수백 미터 높이까지 하늘을 날 수 있겠지만 겁 많은 나로선 오늘도 역시 선뜻 나서질 못한다.

이곳 여러 공원들 중 대표는 뭐니뭐니 해도 일명 '사랑의 공원', 아모르 공원(Parque del Amor)이겠다. 다양한 인공 조형물들로 채워

아모르 공원

졌지만 전혀 인위적인 느낌 없이 자연스럽고 아름답다. 서로를 껴안은 커플이 적나라한 자세로 열정적인 키스를 나누는 조형물은 이 공원을 찾은 이들에게 강력한 이미지를 남길 것이다. 페루 예술가 빅토르 델핀이 제작한 콘크리트 조각품 '엘 베소(El Beso)'가 어찌 보면 평범한 이곳 아모르 공원을 아주 특별하게 만들어주고 있다.

화려한 모자이크 타일 조각들이 공원 곳곳에 벤치 형태로 늘어섰다. 보도블록들은 태평양 파도처럼 넘실대는 곡선으로 이어져 묘한 운치를 자아낸다. 공원 절벽 아래로는 해안 도로와 백사장 그리고 바다 위를 유영하는 서핑족들이 어우러져 태평양 바나 이름처럼 평화로운 정경을 만들어내고 있다.

㉝
페루
리마 구도심 역사 지구

엊저녁은 실질적으로 이번 여행의 마지막 밤시간이었다. 호스텔 주방에서 치킨, 맥주, 와인, 과일, 한국 김 남은 것 등을 다 모아 조촐한 파티를 가졌다. 사실 그간 뭔가를 빙자한 파티는 한 달 내 거의 매일이었다. 우리 다섯에게 지난 매일매일은 특별했다.

파티를 마친 뒤 구시가 쪽 5km 거리의 레세르바 공원(Parque de La Reserva)으로 향했다. 리마 여행 베스트 명소 10위 안에 늘 포함된다는 매직 분수쇼(Circuito Magico del Agua)를 보기 위해서다. 공원 입장부터 많은 인파에 놀랐고, 분수 쇼 수준에도 놀랐다.

레세르바 분수 공원

공원 내 가장 큰 규모의 '마법의 분수(Fuente Mágica)'는 100m 가까운 높이까지 분수물을 뿜어내고, 그 앞으로 100m 넘게 길게 늘어선 '판타지 분수(La Fuente de la Fantasía)'에선 경쾌한 음악에 맞춰 환상적인 레이저 영상 쇼가 펼쳐졌다. 그 외에도 '서프라이즈 분수 터널(Tunel de la Fuente de las Sorpresas)'과 무지개 분수, 피라미드 분수 등 13개의 분수들이 각기 개성을 뽐내듯 다양한 분위기를 연출해냈다. 공공 공원 내 분수 중 세계 최대 기네스 기록에 올랐다니 충분히 납득할 만했다.

그리고 마지막 날인 오늘 아침, 모두 충분히 자고 일어나 누구는 커피부터 내리고 누구는 냉수부터, 누구는 따뜻한 물부터 한 잔 마셨다. 그리곤 함께 둘러앉아 갓 구워낸 토스트에 버터 발라 우유와 과일을 곁들여 모자람 없는 마지막 아침 식사를 마쳤다. 나는 어제 인터넷으로 검색해 둔 대로 리마 구시가를 가장 효율적으로 둘러보는 워킹 투어(Walking Tour)에 참여하기 위해 혼자 숙소를 나섰다. 무료이지만 투어 끝난 후 가이드에게 팁으로 성의를 표하면 되는 시스템이다.

숙소 앞 케네디 공원 정해진 위치에는 오늘 목적이 나랑 비슷할 여행자 10여 명이 모여 있었다. 'Lima by walking, Free City Tour'라고 쓰인 유니폼을 입은 가이드 호세 씨를 따라 다운타운 지역으로 이동했다. 인근 리카르도 팔마(Ricardo Palma) 정류장에서 대중교통으로 20분 정도 걸렸다.

　페루는 남태평양에 면해 있다는 장점을 빼고는 지정학적으로 꽤 불리한 나라로 보인다. 에콰도르, 콜롬비아, 브라질, 볼리비아, 칠레 무려 5개국에 둘러싸여 있기에 대외정치면에서 신경 쓸 일이 꽤 많을 듯하다. 잉카제국 시절엔 내륙 깊숙한 쿠스코가 중심이었지만, 대항해 시대의 유럽인들은 해안가 리마를 중심으로 삼았다.

　서울시 면적의 4.4배인 페루 수도 리마는 서울시에 25개 구區가 있는 것처럼 모두 43개 지구(Cercado)로 구성되어 있다. 이들 중 오늘 둘러볼 리마 지구(Cercado de Lima)와 어제 하루 시간 보냈던 미라플로레스 지구를 포함하는 10개 지구를 아울러 리마 센트로(Lima Centro)라 부른다. 수도 리마의 도심권이라 할 수 있다.

　그러나 센트로 중에서도 더 도심은 리마 지구이고, 그 안에서도 더욱더 도심은 오늘 우리 투어팀이 둘러볼 리마 역사지구(Centro Histórico de Lima)다. 구도심 다운타운으로 가로세로 각 1.2km의 좁은 정방형 구역에 리마를 대표하는 역사적 명소들이 밀집돼 있다.

투어 첫 장소인 역사지구 중심 광장에 도착했다. 가이드는 아르마스 광장(Plaza de Armas)이라고 했지만 구글 지도에는 '플라자 마요르(Plaza Mayor de Lima)'로 표기되어 있다. 리마의 메인 광장이란 의미겠다. 같은 이름의 쿠스코 아르마스 광장보다 규모도 크고 웅장하지만 운치나 아름다움에 있어선 그에 미치지 못하는 듯하다.

500년 전 프란시스코 피사로가 잉카 황제를 죽인 후 쿠스코를 대체할 신도시 건설에 열정을 쏟아부었던 곳이다. 피사로는 이곳 아르마스 광장 부지를 중심으로 시가지를 바둑판처럼 건설해 나가던 중에 원한을 산 부하들에게 무참한 죽음을 맞았다.

광장 서편엔 리마 시청인 시립궁전(Palacio Municipal de Lima) 건물이 있고, 동편엔 피사로의 유해가 담긴 석관과 피사로 벽화 등을 만날 수 있는 리마 대성당(Basílica Catedral Metropolitana de Lima)이

배치돼 있다. 그 옆으로 사그라리오 성당(Parroquia El Sagrario)과 대주교 궁전(Palacio Arzobispal de Lima)이 연이어 붙어 있어 이 광장의 무게감을 한층 키워준다.

 광장 북쪽 정면의 대통령 궁 앞에선 경비병 교대식이 거행되고 있다. 런던 버킹엄궁 행사보다야 규모나 인파 면에서 비할 바가 아니지만 나름대로 아기자기하고 친근한 분위기까지는 좋았는데, 정문 앞에 세워진 경비 장갑차 한 대가 여행자들에게 이질감을 준다.

 산토 도밍고 성당(Iglesia de Santo Domingo)에서는 수도사 산 마르틴 데 포레스(San Martin de Porres)의 삶에 대한 이야기를 가이드가 많이 해줬으나 대부분 놓쳤다.

 광장 북쪽으로 흐르는 리막 강(Rio Rimac)은 물이 많이 말라 있어 삭막했다. 다리 하나를 건너면 저쪽 리막(Rimac) 지구는 빈민가로 안전이 매우 취약하다고 한다. 가이드가 다리 넘어 리막 지구의 수십

리마 대통령궁

년 전 풍경이라며 사진 한 장을 보여주는데 지금 보이는 다리 너머 풍경과 별반 다를 바가 없었다. 그만큼 저 다리 넘어 빈민 지역은 그동안 아무런 발전이나 개발이 이뤄지지 않았다는 뜻이다. 어제 미라플로레스의 화려했던 외양들과 비교해보면 백인과 메스티소 그룹의 중상류층과 인디오들의 하류층 간 삶의 격차가 얼마나 고착화되었는지를 새삼 실감할 수 있었다.

대통령궁 뒤편의 페루 문학의 집(Casa de la Literatura Peruana)을 둘러보며 현대 페루 문화계의 생소한 문인들과 작품 세계에 대해 설명들었고, 자그만 카페에 들러서는 칠레와 페루의 전통주인 피스코 시음회도 가졌다.

마지막으로 들른 산 프란시스코 성당(Iglesia de San Francisco de

Jesus El Grande)은 종교인이 아닌 나에게도 매우 깊은 인상을 남겼다. 호세 씨의 가이드 역할은 성당 밖에서 충분한 설명을 하는 것까지였다. 각자가 10솔 지폐 한두 장씩을 호세 씨에게 팁으로 건넸고, 나도 그의 4시간 동안의 성실한 안내와 알기 쉬운 영어 설명이 마음에 들어 20솔을 선뜻 냈다. 산 프란시스코 성당 내부 견학은 유료라 투어 일행은 해산하고, 나는 일행 중 서너 명과 함께 입장료 10솔을 내고 성당 안으로 들어섰다.

성당 2층 박물관의 고책 서재가 몹시 흥미로웠다. 수백 년 전의 고서적들이 먼지를 잔뜩 집어쓴 채 넓은 서재 양옆 책꽂이에 빼곡하게 들어차 있는 풍경이 마치 중세로의 시간 여행을 떠나온 기분이다. 퀴퀴한 내음이 풍겼지만 불쾌감은 전혀 주지 않았다.

예수의 수난을 묘사한 피터 폴 루벤스와 안톤 반 딕 작품들 4편 등

기획 전시인 듯한 성화聖畫 6점도 눈길을 끌었다. 늘 봐왔던 다빈치 작품과는 전혀 다른 분위기의 '최후의 만찬'도 특이했다. 식탁 메뉴도 풍성하고 인물들도 12제자만이 아니라 다른 여러 인물들이 등장해 마치 파티 장면을 연상케 하는 작품이다.

카타콤바(Catacombae)라는 성당 지하 무덤에는 옛 시절 기독교 순교자들의 해골 등 유골들이 보관되어 있다. 유리나 별도의 칸막이 없이 그대로 노출되어 있어 섬뜩했다. 현실 지하 무덤 속을 그대로 거니는 분위기다. 수만 점에 달하는 유골들의 방대한 수량에도 놀랐다.

아르마스 광장과 산 마르틴 광장을 연결하는 유니온 거리(Jiron de la Union)를 거닐다가 늦은 점심을 먹은 뒤 산 마르틴 광장(Plaza San Martin)에 잠시 머물렀다. 호세 프란시스코 데 산 마르틴(Jose Francisco de San Martin), 아르헨티나의 장군이면서 칠레를 해방시켰고 페루의 독립에도 결정적 기여를 한, 페루의 국가 영웅이다. 스페인 압제로부터 남미 대륙을 해방시키는데 핵심 역할을 한 인물이 광장 중앙의 백탑 위 마상에 비장한 모습으로 앉아 있다. 웅비의 뜻을 품고 안데스 설산을 넘는 듯한 그 모습이 알프스를 넘는 다비드 그림 속 나폴레옹을 연상시킨다.

오후 5시 반에 미라플로레스 숙소로 돌아왔다. 공항은 멀지 않다. 20km도 안 되는 가까운 거리다. 심야 비행기 출국까지는 6시간이나 남아 있다. 일행 넷 모두 짐은 다 싸둔 상태, 편안하고 여유로운 모습들이다.

리마 구도심 역사 지구

에필로그

초기 인류가 고향 아프리카를 떠나 지구 반대편까지 퍼지는 데는 수십만 년이 걸렸다. 세상사 무지했던 그들은 해 뜨는 동쪽으로 가다 보면 먹고살기 더 나은 곳이 있지 않을까 마냥 기대했을 지도 모른다.

유라시아 대륙을 횡단하고 베링 육교를 넘어 알래스카에 이르는 길고 험난한 여정이었지만 춥고 배고픈 건 마찬가지, 다시 더 따뜻한 곳을 찾아 대륙의 남쪽으로 남쪽으로 발길을 이어갔을 것이다. 나와 가족의 안전 그리고 먹거리, 그들의 일상 목표도 오늘의 우리와 다를 바 없었겠다.

오래전 그들이 해 뜨는 동쪽을 바라보며 삶의 터전을 옮겨간 것과는 반대로, 인류 문명의 중심 무대는 태양의 움직임과 함께 서쪽으로 이동했다는 설이 있다. 아놀드 토인비의 '문명서천설'이다. 지난 5천 년 인류 역사를 돌아보자. 에덴동산이 있던 메소포타미아에서 최초의 문명이 발흥한 뒤 그리스와 로마 제국을 거쳐 유럽 중심부 그리고 대영제국에 이어 대서양 건너 북미대륙으로 세계의 주도권이 넘어갔다. 서쪽으로의 중심 이동이 얼추 맞는 것도 같다.

이렇게 동쪽과 서쪽으로 길을 떠난 인류가 둥그런 지구의 반대편에서 극적으로 상봉한 것이 1492년 콜럼버스의 신대륙 발견 때였다. 피부색만 소위 황인종 백인종으로 살짝 달랐을 뿐이지 오래전 각자의 조상이 아프리카에서 비롯된 한 뿌리였음을 그들은 서로 알지 못했다. 그동안 살아온 환경이 너무도 달랐듯 양측이 오랜 세월 축적해 온 힘과 능력의 수준 또한 극단적 우열을 보였다. 이는 곧 평화롭던 신대륙에 거대한 먹구름을 몰고 온다.

콜럼버스가 다녀가고 40년 후 일단의 불청객이 다시 이 땅에 내렸다. 1532년 11월, 프란시스코 피사로가 이끄는 스페인 용병 168명은 잉카제국의 카하마르카 광장에 운집한 7천여 명의 잉카군을 무자비하게 살육하고 잉카 황제 아타우알파까지 붙잡는다. 인구 수천만의 잉카 제국이 소수의 스페인 용병들에 의해 허무하게 정복되는 역사적 순간이다.

재러드 다이아몬드의 명저 '총 · 균 · 쇠' 제3장은 잉카 제국이 무너지는 이 사건을 세계사의 중요한 터닝 포인트로 다루고 있다. '카하마르카에서의 충돌: 잉카 황제 아타우알파는 왜 스페인 왕을 생포하지 못했나?(Collision at Cajamarca: Why the Inca emperor Atahuallpa did not capture King Charles I of Spain?)'라는 소제목처럼 의문을 제기하고 다섯 가지 요소를 그 답으로 제시한다. 신대륙이 유럽인들에게 손쉽게 정복당한 건 총銃, 균菌, 쇠鐵 그리고 말馬과 문자文字 때문이라는 것이다.

이들 5가지 요소들이 그때까지 어째서 신대륙이 아닌 유럽에 편중됐는가 하는 문제는 책의 후반부에서 하나씩 풀어지지만 어쨌든 남미 대륙 원주민들의 삶은 카하마르카 사건 이후 극단적으로 그리고 비극적으로 바뀐다. 그리고 500년이 되어가는 오늘날까지도 그런 삶은 자손 대대로 이어져 왔다.

잉카 트레일을 걷고 마추픽추와 조우하며 경이로운 잉카 유적들에 내내 감탄하던 나는 쿠스코로 돌아와 아르마스 광장 파차쿠티 황제의 동상 앞에서 묘한 허무감에 휩싸였다. 너무도 찬란하고 위대했던 문명이 한줌밖에 안 되는 소수의 유럽인들에게 그렇게 허망하게 무너졌다는 게 몹시 비현실적으로 느껴진 탓이다.

잉카 트레킹 동안 우리보다 늘 앞서 걸었던 인디오 포터들의 모습도 눈에 밟혔다. 3박 4일간 우리가 일용할 식자재 등을 자기 키만큼의 큰 배낭에 짊어지고 걸었던 그들 모두 그 옛날 위대했던 잉카의 후예들이다.

남미 중서부 페루와 볼리비아 지역에는 이들 원주민 인디오들이 인구의 절반을 차지한다. 숫적으로 다수지만 사회적으론 비주류 하층 계급에 속한다. 유럽인들과의 혼혈인 메스티소(mestizo)와 정복자의 후손인 백인들이 중상류층을 이루며 사회적 주류를 형성하고 있다.

여행에서 돌아온 어느 날엔 꿈속에서 볼리비아 여인을 만났다. 만났다기보다는 잠시 나타나 원망의 눈빛만 보내고 사라졌다. 라파스 거리에서 좌판을 깔고 앉아 수제 공예품들을 팔던 키 작은 인디오 여인이다. 좌판 앞에 멈춰 서서 이것저것 만지작거리다 무심코 자리를 뜨는 나를 야속하게 바라봤는가 보다. '몇 푼도 안 되는데 하나 사 주시지 그랬어요', 꿈속의 그녀가 남긴 한 마디가 잠 깬 후의 나를 무안하고 부끄럽게 만들었다.

얼마 전에는 칠레의 호스텔에서 만났던 두 청년 강충구, 김선호씨와 조우했다. 우리 남미 일행 다섯이 꾸준히 이어온 모임에 내가 둘을 초대한 것이다. ROTC 제대 후 미취업 상태에서 장기 여행 중이던 그들이다. 겉으론 '용감하다, 대단하다'라고 격려해줬지만, 내심으론 '취업 준비가 최우선 아닐까?' 생각하며 혼자 꼰대스런 걱정을 했던 게 사실이다. 그러나 두 청년은 너무나 반듯하게, 훌륭한 직장인으로 변모해 있었다. 북남미 대륙에서의 1년 여행이 둘을 더 단련시키고 충전시켰음을 확인할 수 있었다. '세상은 한 권의 책'이라는 1600년 전 현자의 말을 다시 떠올리며 여행의 가치를 새삼 실감하게 된다.

2024년 8월
비 오는 여름날

남미 여행 그리고
남미 이야기

인쇄 2024년 9월 10일
발행 2024년 9월 20일

지은이 이영철
발행인 서정환
펴낸곳 신아출판사
주　소 서울특별시 종로구 삼일대로 32길 36(운현신화타워) 305호
전　화 (02) 3675-3885　(02) 747-5874
팩　스 (063) 274-3131
이메일 sina321@hanmail.net
출판등록 제465-1984-000004호
인쇄 · 제본 신아문예사

저작권자 ⓒ 2024, 이영철
이 책의 저작권은 저자에게 있습니다. 서면에 의한 저자의 허락 없이 내용의 일부를
인용하거나 발췌하는 것을 금합니다.
COPYRIGHT ⓒ 2024, by Lee Youngcheol
All right reserved including the rights of reproduction in whole or in part in any form.

저자와 협의, 인지는 생략합니다.
잘못된 책은 바꿔 드립니다.

ISBN 979-11-94198-33-8　(03950)
값 18,000원

Printed in KOREA